JN224311

# 美しき世界を創る
# TRUTH
# 真実追求者たちとの対話
# SEEKERS III

～闇の支配から地球がついに解放！～

▼ ▼ ▼

## 佐野美代子
*Miyoko Sano*

キャシー・オブライエン

ダン・ウィリス

サーシャ・ストーン

VOICE

## はじめに

こんにちは、佐野美代子です。

今回、皆さまには『TRUTH SEEKERS』シリーズの3冊目をお届けします。

過去には、シリーズ1冊目の『地球と人類を救う真実追求者たちとの対話　TRUTH SEEKERS〜光と闇の最終章が今、はじまる〜』、続いて2冊目の『人類の覚醒に命を懸ける真実追求者たちとの対話　TRUTH SEEKERS II〜光の勝利で、ついにカバール陥落〜』は、おかげさまで大変な反響をいただくことになりました。

この場をお借りしてお礼を申し上げます。

ありがとうございました！

さて、今回初めて私のことを知っていただく読者のために、改めて自己紹介をさせていただきます。

私は「真実を探求する」というテーマのもとで、これまで人生の旅路を歩んできました。

　人生を振り返ってみると、まず、大学卒業後はすぐに外交官と結婚して、海外を転々とすることになりました。外交官夫人としての活動の合間に、子育てや同時通訳をしてきましたが、そんな日々の中で真実探求の旅がはじまったのです。

　最初の真実探求は、①「自分とは何者か?」ということ。

　探求の中で見つけたその答えは、自分とは肉体を超える魂、エネルギー体、光であり、誰もがソースのフラクタル（幾何学的法則）であり、神聖な存在であり、創造主であるということ。

　また、旅の途中でアメリカの古代英智の学校「ラムサ」に通い、自分自身が人生の創造主であることを量子物理学やワークを通して体感し、これによって自分の人生が劇的に変わっていったのです。

　そして、「自分自身が未来を創造していることを人々に伝えたい!」との情熱を抱いていたら、全世界でベストセラーとなったロンダ・バーンの『ザ・シークレット』の著

書を翻訳することを見事に引き寄せたのです。

　次の真実探求は、②「人間は死後どうなるのか？」ということ。

　その答えは、「肉体は死んでも魂は生き続ける」ということです。

　これは、有名なあの「モンロー研究所」に通ってわかったことです。

　私は、このことを愛する人を失い悲しんでいる人々に伝えたいという思いから、書籍『人はあの世で生き続ける』（PHP研究所）と『前世のシークレット』（フォレスト出版）を出版する流れとなりました。

　続いての真実探求は、③「世界の真実は誰もが信じていることと違う」ということ。

　この世界は悪魔崇拝者やサイコパス、レプティリアンたちが支配していて、彼らのアジェンダは「人口削減・人類奴隷化」であるという驚愕（きょうがく）の事実を知ることになったのです。

　私はこのことを皆に伝えたいと思い、無収益でYouTube
の配信を連日行っていたのですが、3つのチャンネルが突
然消されることになりました。

　けれども、おかげさまで今、私が伝えたいことは書籍や
講演活動で伝えることができています。

　最後の真実探求は、④「世界の真実は地球外生命体のこ
とを知らないと無理」ということです。

　そして、このことを伝えたいという熱意が、銀河連合特
使のエレナ・ダナーンさんとのつながりを導いたのです。

　今年の5月には、彼女の来日特別講演会を東京で私が主
催するまでになりました。

　その際には、うれしいことに、銀河連合の高等司令官
ソーハン・エレディオンさんから私宛てに激励とお礼の
メッセージまでいただきました。

　エレナさんとのつながりを通して「秘密宇宙プログラ
ム」において、宇宙で奴隷として働いたトニー・ロドリゲ
スさんや戦士のジャン・シャールズさんなどともつながる
ことができ、彼らから得た情報は「銀河プロジェクト」の

シリーズ本、『銀河プロジェクト II　隠されてきた光と闇の「秘密宇宙プログラム」のすべて』でご紹介しています。

　そして今、これからは銀河の時代の到来ですが、私の中では再び、「自分は何者か？」というのが大事なテーマになっています。

　なぜなら、最終的には「自分が宇宙の中心」なのであり、「自分自身にこそパワーがある」ということを、お伝えしたいからです。

　さて、本書で新たにご紹介するのは３名の方です。

　まずは、キャシー・オブライエンさん。

　CIA によってマインドコントロールされ性的奴隷になっただけでなく、本書で詳しくお伝えしますが、「大統領モデル」としてさまざまな外交ミッションに携わってきた方です。

　次に、ダン・ウィリスさんは元海軍の方ですが、現在は銀河連合ともコラボレーションをしている人で、今後の地球のディスクロージャーに関して、大きな役割を果たすで

あろう方です。

　３人目は、世界平和や正義、真実を広めるために活動してきたサーシャ・ストーンさんです。

　私の勝手なイメージですが、サーシャさんは映画の『アラビアのロレンス』の主人公のような方で、広大な大地を馬にまたがって砂漠を駆け抜けるような勇敢なイメージがあります。

　とにかく、３人とも愛のあふれる人たちであり、また、命を懸けて人類のために尽力されてきた素晴らしい方たちです。

　読み進めるうちに、衝撃的な内容も出てくるかもしれませんが、ワクワクできる未来のお話もたくさん出てきます。

　地球の未来はとても明るいので、希望を持って本書をお読みくださいね！

　それでは、最後にまたお会いしましょう。

佐野美代子

# CONTENTS

# PARÞ I

## キャシー・オブライエン
*Cathy O'Brien*

## CIA のマインドコントロールには屈しない！
## アメリカ政府の最高機密に触れながら
## 体験したトップ政治家たちの醜い闇を暴く！

After the interview

## 美代子の部屋① ～対談を終えて～

# PART II

ダン・ウィリス

*Dan Willis*

海軍時代に極秘情報である
UFO 情報にアクセス以来、
自ら UFO & ET 情報のリサーチを開始！
現在は、クリスタルの未知なるパワーを
銀河連合と協力して探求中！

# PART III

## サーシャ・ストーン
### *Sacha Stone*

自らが体験した
5Gという"兵器"の恐ろしさを伝えたい！
国家や政府に頼らない新しい理想郷、
ニューアース・プロジェクトを推進中！

◆ "愛の波動" と "悪魔の波動" —— 167

◆ 世界を旅して、真実を自分の目で確かめる —— 169

◆ 日本が参加した「宇宙プログラム」の真実 —— 170

◆ パリ・オリンピックで毒が撒かれる予定だった!? —— 173

◆ ルーマニアの地下のエイリアン基地とピラミッド —— 176

◆ 巨人族は存在していた —— 179

◆ トランプ前大統領の暗殺未遂の真実 —— 184

◆ サーシャが創る「ニューアース・プロジェクト」とは —— 186

*After the interview*

## 美代子の部屋③ 〜対談を終えて〜

・私たちは日常生活の中で毒にさらされている — 192

・地球の気象や自然が操作される「ジオ・エンジニアリング」— 193

・おすすめのデトックス方法 — 196

・トランプさんの暗殺未遂についての私の考察 — 198

・事件の前には幾つかのサインが出ていた！— 201

・消防士のコンペラトーレさんは生きている!? — 203

・人類救済のために世界を駆け巡るサーシャさんを讃えたい！— 205

## — Column — Miyoko's Garden

・オリンピックで演出されるショーは、闇側のアジェンダを表現する
　ステージだった！— 208

## おわりに
—— 216 ——

# PART I

## キャシー・オブライエン

*Cathy O'Brien*

1957 年米国ミシガン州生まれ。幼い頃から近親者による性被害に遭い、父親に CIA に売られて以降は、CIA の「MK ウルトラ」によるマインドコントロール・プログラムを受け、「大統領モデル」として育成される。後に、洗脳が解けた後は、アメリカ政府の内部告発者として活動を開始。1995 年に米国議会情報監視特別委員会での彼女の証言に対して、国家安全保障法が発動され、その証言はマーク・フィリップスとの共著『TRANCE Formation of America』を通じて公開された。著書に『ACCESS DENIED For Reasons of National Security』（マーク・フィリップスとの共著）、『PTSD：Time to Heal』がある。2022 年、自身も出演した映画『TRANCE: The Cathy O'Brien Story』を公開。

CIA のマインド

コントロールには屈しない！

アメリカ政府の最高機密に触れながら

体験したトップ政治家たちの

醜い闇を暴く！

 # マインドコントロールされ、「大統領モデル」になったキャシーさん

**美代子** こんにちは。キャシーさん！　今日は貴重なお時間を割いてくださってありがとうございます。私はかなり前からキャシーさんのことは存じ上げていたので、今回、このように直接、お話しができてとてもうれしいです。今日は、どうぞよろしくお願いいたします！

**キャシー** 美代子さん、はじめまして。私も美代子さんにお会いできてうれしいです。こちらこそ、今日はどうぞよろしくお願いいたします。

**美代子** それでは、早速、最初の質問から少しヘビーな内容になりますが、よろしいでしょうか。ウクライナでの出来事ですが、ある囚われた人が十字架にかけられ、生きたまま焼き殺されるという動画を私は見たことがある、ということを自著『世界の衝撃的な真実、闇側の狂気』（ヒカルランド刊）で書いたことがあります。それは、本当に目

も当てられないような悲惨な動画だったのですが、その動画を見た時、ナチズムがまだ続いているということが衝撃的だったのですね。しかし、キャシーさんご自身も30歳の時、あの「ボヘミアン・グローブ（世界のエリート・権力者が参加するプライベートクラブのキャンプ。悪魔崇拝の儀式を行う）」でご自身が焼き殺される運命だった、とどこかで話されていたことがありました。これにも驚いたのですが、彼らは生きたまま人を焼き殺すという残忍なことを平気でしているのですね。

**キャシー**　はい、そうです。彼らは普通の人が想像する以上のことを平気でやっていますよ。

**美代子**　信じられませんね。私はこれまで随分、こうしたことを調べてきたのですが、キャシーさんは、CIA が行ってきたマインドコントロール・プログラムである「MK ウルトラ」、そして「モナーク・プロジェクト*」の生存者でいらっしゃいます。今日は、貴重なお話がお聞きできる

---

*モナーク・プロジェクト

マインドコントロール・プログラムの一環。近親相姦で虐待された被害者である子どもたちが、「遺伝子マインドコントロール研究」の名目で募集されたプロジェクト。キャシーの父親がこれに応募してキャシーのマインドコントロール人生がはじまった。

ことに感謝しています。

**キャシー**　こちらこそ。すでにご存じのように、私は過去において、ホワイトハウスやペンタゴンで使われてきました。アドルフ・ヒットラー、ジョージ・ブッシュ・シニア、ジョー・バイデンが言うところの「新世界秩序」を導入するため、ワシントンDCの深部に潜むマインドコントロールの加害者たちのたまり場にいたのです。彼らの資金源は、開かれた国境を使った麻薬密売や人身売買です。また、子どもたちの性的人身売買を利用して弱みを握り、彼らはお互い（取引相手）を脅迫し合っていました。ですので、人類に対する犯罪としては非常に恐ろしいことをやっているわけです。私は幼少期からそんな様子をすべて見て、体験してきました。最近、人々がこういった真実に気がつきはじめたわけですが、これらはずっと前から行われてきたのです。それでも、広く世の中の人々に知られるようになってきたことは、本当にうれしいですね。

**美代子**　キャシーさんは、特に「大統領モデル」として、アメリカ政府の最高機密にも携わってこられた方ですが、この大統領モデルについてその役割などご説明いただけま

すか？

**キャシー**　はい。大統領モデルとは、CIAによるMKウルトラのマインドコントロールのプログラムの中で、命令に従うことや、性的な行為を行うことだけでなく、大統領や政府指導者にメッセージを伝えたりすることに特化してプログラムされる人材のことです。大統領モデルとは、ホワイトハウス*、宮殿、首都など、最高レベルのセキュリ

**＊ホワイトハウス内の様子**

「大統領モデル」としてホワイトハウス内に出入りしていたキャシーさん。キャシーさんの娘のケリーさんも小さい頃からホワイトハウス内に出入りしていたという。写真左はレーガン元大統領。＜画像は『TRANCE：The Cathy O'Brien Story』より＞

ティが要求される場所にも出入りすることもできる、最高レベルの"ロボットプログラム"なのです。

**美代子**　そうなのですね！　大統領レベルの要人にもメッセージを届ける役割をされていたわけですね。それにしても、世界中の人々がもっと、この秘密裏に行われている恐ろしい真実を知るべきですね。それでは、ここで改めて、キャシーさんご自身のこれまでの人生の道のりを簡単にお話ししていただきたいのですが、よろしいでしょうか？

##  近親相姦の家系で育ち、 幼い頃から性被害を受ける

**キャシー**　はい、わかりました。私は1957年にミシガン州のマスキーゴンという都市で生まれました。実は、生まれた家庭は、なんと代々、近親相姦の虐待をする家庭でした。私の父は、貧しい大家族の生まれであり、父自身も幼少期から性的虐待や悪魔崇拝の儀式などで虐待されてきたのです。私の母は、父よりは上流階級に属していました

が、やはり、母も親から性的に虐待され、祖父の持っていた「ブルー・マソニック・ロッジ」に売られました。母は父と結婚してからも、父親の意向でモナーク・プロジェクトを推進するために、母は子どもを次々と出産させられていたのです。私には2人の姉と4人の弟がいますが、全員、私のようにマインドコントロールを受けて虐待されてきました。幼い頃、母は私が父親に性的に虐待される様子を見ても私を守ってくれず、私はそのことに非常に苦しみました。けれども、そんな母も犠牲者の1人だったのです。

**美代子**　お母様も、そして、お父様も虐待の犠牲者だったのですね。お母様の父親の持っていらしたブルー・マソニック・ロッジとはどんなところでしたか？

**キャシー**　はい、そこは、地元の政治家や法執行機関の人たちなど有力者が秘密裏に集まる場所で、いわゆる秘密結社のような場所です。でも、陰で何かことを進めているということ自体、問題ですよね。そして、彼らはその秘密が漏れないように、子どもたちを利用していたのです。つまり、参加者が子どもとの変態行為をしているところを隠し

カメラで収録して、後で脅すのです。彼らのような犯罪人はお互いを信用せず、脅し合うのです。

**美代子** なるほど。そういったことのために、小さな子どもたちが標的にされているのですね。それにしても、彼らがお互いを信頼し合っていないというのも興味深いです。

**＊４歳の頃のキャシー**

すでに幼児ポルノの作品に出演させられていたキャシーさん。すでに目つきにトラウマが表れている。＜画像はキャシー提供＞

## それは、「ペーパークリップ作戦」からはじまった

**キャシー** そうなのです。ちなみに、私が生まれた1957年には、すでに国内において、マインドコントロールが多くの子どもたちに行われていました。それは、かつてナチスが開発して使っていたプログラムです。第2次世界大戦後の1946年9月、ハリー・トルーマン元大統領の時、国防総省がナチスの優秀な医師、科学者たちを密かにアメリカにリクルートしてきた作戦です。これが、「ペーパークリップ作戦」ですね。この時、1,600人以上のナチスがドイツから南米経由で、バチカンと国際赤十字の助けを借りてアメリカに入国しました。この作戦の真の目的は、ナチスの新世界秩序のアジェンダをアメリカでも続けるためです。そのために、さまざまな極秘の洗脳プロジェクトを彼らは進めていました。それらが1953年に「プロジェクトMKウルトラ」となったのです。

**美代子** 究極の目的は、カバールのアジェンダでもある新

世界秩序を目指すためですね。このために、多くの子ども
たち*が実験台になったのですね。

**キャシー**　はい。恐ろしい実験の連続です。彼らのゴール
は、カバールが支配する管理（奴隷）社会です。個人の自
由はありません。マインドコントロールは個人だけでな
く、国にも世界全体にもかけられるのですよ。そのために
は、トラウマがそのベースとなります。脳は恐怖やトラウ

---

**＊子どもたちへの実験**

マインドコントロールや数々の実験に参加させられる子どもたち。キャシー
さんのようにモナーク・プロジェクトの一環で父親に CIA に売られるケー
スもあるが、誘拐されるケースも多い。＜画像は『TRANCE：The Cathy
O'Brien Story』より＞

マに反応しますから。それが脳の自然なメカニズムなのです。つまり、私たちの顕在意識が恐怖で凍結したとしても、潜在意識が大きく開いて、情報を得ようとするのです。その時、顕在意識のフィルターは機能不能になり、情報を分析せずにストレートに受け取ります。

　そして、私の場合、洗脳のためのフォーミュラは生まれた時から作用しているのです。父が幼少時から私を性的虐待することが悪いことだとはわかりませんでしたが、私の脳は"悪いこと"だと判断したのです。これは、恐怖のあまり理解できないトラウマに対する反応です。脳は、その出来事を区分けし、そこに対するニューロン神経経路を止め、潜在意識の深いところに押し込めました。それが脳の防御反応なのです。つまり、脳の他の部分が、あたかも何も起きなかったように正常に機能するためです。父が繰り返し私を性的虐待した時だけニューロン神経経路がつながり、私はそれに対処するのです。ちなみに、幼児が5歳までに体験する性的虐待は、脳の形成時なので、最も恐ろしいトラウマになるということを、ヒトラーと彼の右腕だったヒムラーの調査が示しています。

**美代子**　幼少時から親から性的虐待を受けるなんて、被害を受けた本人にとってはひどいトラウマになるでしょうね。また、虐待時に脳が勝手に反応する作用を利用して、人を支配するのですね。

**キャシー**　はい。父は私を祖父のロッジに売り、私のポルノ写真を売っていたのです。

**美代子**　ひどい話です。キャシーさんは幼い頃から拷問を受け続けてきたような人生でしたが、それに対処するために、脳の防御システムで人格が分離されて、「多重人格障害（MPD：Multiple Personality Disorder)」みたいになられたのですね。

**キャシー**　はい。今では、その病名は「解離性同一性障害」として知られています。実は、こういう人は異常に記憶力が発達しているのです。私は4歳で本が読めるようになりました。売春、ポルノ撮影、近親相姦、肉体労働などの虐待を受けていない時は、本の世界に閉じこもっていましたからね。政府の研究者たちは、MKウルトラ計画やモナーク・プロジェクトの被害者は多重人格障害になるもの

の、視力や記憶力が抜群だし、記憶を区分けすることもできたので、彼らはそれを政府の秘密作戦に巧みに使っていたのです。

**美代子**　なるほど、政府は被害を受けた子どもたちのそういう特性をも上手に利用するのですね。

**キャシー**　はい。そのような歴史があったわけですが、クリントン政権＊の時に、人体実験を行ってきたことに対する謝罪がありましたね。

### ＊クリントン政権時の謝罪

1995年、クリントン政権時にこれまで人体実験をしてきたことに対する謝罪が正式に行われた。＜画像は『TRANCE：The Cathy O'Brien Story』より＞

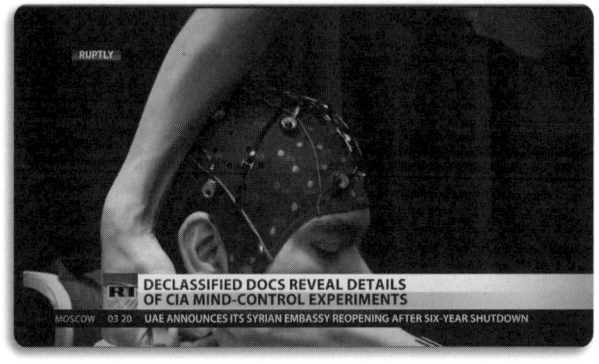

##  "ポルノ・キング" と呼ばれていた フォード元大統領

**美代子**　ところで、キャシーさんは、マインドコントロールされていた時代に、多くの大統領や首相とお会いされていますが、ジェラルド・フォード元大統領（第38代大統領、1974〜77年在任。1913〜2006年）のお話もお願いできますか？

**キャシー**　はい。ブルー・マソニック・ロッジの秘密結社で、当時、下院議員だったジェラルド・フォードが「ペドファイル・アジェンダ（小児性愛者プログラム）」を裏で進めていました。実は、フォードはもともと"ポルノ・キングのマフィア"と呼ばれていたほどで、児童ポルノの作品が彼のもとに届けられていました。私も6歳頃から父によって、ポルノ作品に出演させられていたのです。私の父が児童ポルノを郵送したことが発覚して逮捕された際に、父はその訴追を逃れる代わりに、モナーク・プロジェクトに私を被験者として差し出したのです。フォードが証拠に

なった私の児童ポルノ写真を持参して我が家を訪問したことがありますが、その時、私は初めて彼に会うことになりました。当時、私は小学生でしたが、彼にレイプされることになりました。

**美代子**　まったく、許せませんね！　ジェラルド・フォードはジョン・F・ケネディ元大統領の暗殺事件を調査する委員会のメンバーに任命されていた人ですが、その彼が実は児童ポルノやペドフィリア（小児性愛）にハマっていたような人なのですね。

**キャシー**　はい。それを暴こうとしたのが生前のジョン・F・ケネディでした。彼は人々の自由を取り戻そうとしていたのです。それで、彼らは1963年に白昼堂々とケネディを殺しました。そして、それが世界中の人々のトラウマとなったのです。世界中のメディアが「One Bullet Theory（１つの銃弾説）」を繰り返して民衆を洗脳し、異議を唱えなくしたのです。その時のメディアの説に疑問を呈すると「陰謀論者」と名付けられ、その時から「陰謀論者」という言葉ができたのです。

　フォードは、こうしてケネディの暗殺を隠蔽できたので、1974年に大統領になれたのです。そして、その時の内閣として、ジョージ・H・W・ブッシュが1976年にCIA長官になり、ディック・チェイニーやドナルド・ラムズフェルド、ヘンリー・キッシンジャー、ネルソン・ロックフェラーなども要職につきました。ちなみに、ラムズフェルドが人工甘味料や遺伝子組み換え食品を人類が摂取するように強要したのです。また、アメリカの映像産業を束ねる「モーション・ピクチャー・アソシエーション・オブ・アメリカ」ができて、テレビで何が放映されるかなども決められました。これによって、繰り返し同じストーリーがテレビで流されることになりました。

**美代子**　それが、CIAがメディアをコントロールする「プロジェクト・モッキンバード」ですね。先のパンデミックでも、これが顕著でしたよね。世界中がコロナの恐怖を煽り、危険なワクチンを勧めていました。ソーシャルディスタンスとかマスクをしろとか、そんな報道だけで、まさに、世界の人々を洗脳していましたね。

**キャシー**　はい。彼らは子どもたちの顔をマスクで覆い隠

し、お互いの表情を見ることをできなくして、さらに、これによって脳に酸素も行き渡らなくなりました。つまり、人の思考や分析に必要な脳への酸素を阻害したのです。こういったことは恐ろしいことであり、悪魔崇拝者や小児性愛者がすることでもあるのです。

**美代子**　コロナ禍の時期には、私は周囲に嫌われても、皆にマスクを外すように言ってきたのですけどね。許せませんね。

**キャシー**　そうなのです。計画では2016年にヒラリーが大統領選で当選して、新世界秩序を確立する予定でしたが、予定が狂ってしまい、焦って起こしたコロナ騒動でロックダウンとか大袈裟なことをして、逆に人々が目覚めるきっかけをつくってしまいました。

**美代子**　おかげさまで、という感じですね。ところで、選挙の話が出ましたが、不正選挙はケネディ大統領の暗殺後からすでにあったのですね。

**キャシー**　はい。そうです。こうしたダークで低波動の犯

罪人たちが主要な地位に就くために、その頃から不正ができる電子投票システムがあったのです。マインドコントロールや、これらのシステムによる不正選挙で、犯罪者たちが重要なポストに就くようになってしまいました。

**美代子** まったく、選ばれていない人が私たちを支配するのですから、ひどい話です。ところで、キャシーさんがフォードと再会されたのはいつですか？

**キャシー** はい。私が高校生だった1974年の秋に、大統領になりたてのフォードがミシガン州のフェスティバルを訪れたことがあります。その夜に、私は父に連れられてそのフェスティバルへ行ったのですが、その時に、誰もいない部屋でフォードに残酷な性的暴行を受け、その後、高電圧をかけられ記憶を消されました。私は父により、フォード大統領に売られたのです。

#  ミシガン州のエプスタイン島、マキナック島

**美代子** 現役の大統領にそのようなことをされるなんて、もう逃げ場はないですね。少し遡りますが、すでに当時からエプスタイン島（リトル・セント・ジェームズ島のことで、大富豪のジェフリー・エプスタインが所有し、セレブたちを相手に人身売買・児童売春などの犯罪を行っていた）みたいなところがあったのですね。その話をお願いします。

**キャシー** はい。ミシガン州にあるマキナック島のことですね。そこには知事公邸や歴史的なグランドホテルがあり、私は父の働きかけでフォードや多くの政治家たちに頻繁に買春させられました。しかし、私は、マキナック島は別次元だとマインドコントロールされていました。

**美代子** マキナック島には海外の要人も来ていましたか？

**キャシー** はい。1968年の夏、島にある知事公邸には、

当時、カナダの首相になったばかりのピエール・トルドーが来ていました。私は、その時からペドフィリアの彼にも買春させられることになってしまいました。

**美代子**　キャシーさんがそんな状況になっている中、ご両親はその頃どんな様子だったのですか？

**キャシー**　まず、母はプロジェクトのために赤ちゃんを産み育てることが彼女の仕事という感じでした。また、父は自分の子どもたちを買春させることで高い収入を得て、地域でスポーツチームのコーチをしたり、ボーイスカウトや学校行事に参加したりして、子どもたちに囲まれ、一見、模範的な市民を演じていましたね。

**美代子**　そうなのですね。お父さんは裏で売春の斡旋をするなど悪事を働きながら、周囲の人にそのことがバレなかったのが不思議です。その後、高校生の頃のキャシーさんは、どのような日常だったのですか？

**キャシー**　私は、聖フランシスコ・サレジオ教会の寄宿舎のマスキーゴン・カトリック・セントラル高校に入学させ

られました。校内には、私だけでなくプロジェクトの被害者も結構いましたね。私たちはトランス状態で授業中に洗脳されていたのです。また、彼らの計画によって、私は２マイル（3.2キロメートル）競争の陸上選手にもなりました。当時は、陸上コーチによるマインドコントロールによって、１日に13マイル（20キロメートル）もの距離を２マイルの記録保持者の男子陸上選手と共に速いペースで走らされていたのです。これは、私が肉体的な耐久力を高め、激しい拷問的な性的倒錯にも耐えられる訓練でもあったのです。また、学校の校長のヴェストビット神父にも、悪魔的儀式で私はレイプされることもありました。

## "人間狩り"に夢中だった 元副大統領、 ディック・チェイニー

**美代子**　本当に、聞くに堪えないお話ばかりですね。その後、副大統領になったディック・チェイニーとの体験をお話しいただけますか？

**キャシー**　はい。ディック・チェイニーはフォードが大統領の時のホワイトハウス首席補佐官であり、後のジョージ・H・W・ブッシュ大統領の時の国防長官、外交問題評議会のメンバーで1996年の大統領候補でした。私は1975年に、当時下院議員だったディック・チェイニーがワイオミング州で主催する最も危険なゲームに連れて行かれたことがあります。それは、私たち奴隷を裸にして荒野に放ち、男性や犬に狩らせるといういわゆる"人間狩り"です。現地は軍の頑丈な塀で囲まれていたので逃げ場はなく、必ず捕まり、繰り返しレイプされ拷問されるしかありませんでした。ディック・チェイニーはこのゲームに夢中になっているようで、私はディック本人にも残忍なレイプと拷問をされたのです。

**美代子**　政権で主要なポストについている人なのに、変態の犯罪人ばかりですね。ディック・チェイニーは2001年の9.11の「世界同時多発テロ」の時に副大統領だったんですよね。キャシーさんは、そんな絶望的な境遇のもとで育ってきたのですが、その後、娘*さんであるケリーさんが生まれてからは、新しい人生を歩むことにもなりましたね。

*Cathy O'Brien*
—— キャシー・オブライエン ——

**＊キャシーの娘、ケリー**

キャシーの娘、ケリーさんも母親同様に虐待に遭っていたが、後に救出される。＜画像はキャシー提供＞

キャシー　はい、彼らから何度も妊娠・中絶を繰り返され、彼らはその赤ちゃんを食べたり、パーツ（臓器）を販売したりしていました。しかし、ケリーは無事に産み、育てることができたのです。

## 闇とつながる ディズニーの真実

美代子　話は変わりますが、子どもたちが好きなディズニーランドですが、ディズニーランドの地下では子どもたちが虐待されてきたという話がありますが、いかがでしょうか？

キャシー　はい。私はフロリダのディズニーワールドに何度も両親に連れて行かれたことがありますが、ディズニーワールドの地下にはMKウルトラの実験を行っている施設*があります。ディズニーという組織は、MKウルトラやマインドコントロールと大いに関係しています。また、ペーパークリップ作戦とも関わっていて、ナチスの科

学者、「DARPA（アメリカ国防省の国防高等研究計画局）」
やNASAとも深いつながりがあります。ディズニーの映
画は、古い時代からサブリミナルレベルでペドフィリアを
推進しているし、ディズニー自体も「ペドファイル・ア
ジェンダ」に入っています。

　最初の頃は、彼らはサブリミナルで潜在意識に影響を与
えていましたが、ある時からそんな動きも露わになってき
ました。2000年前後に人気を博したブリトニー・スピアー
ズ＊のことはご存じの人も多いと思います。ディズニーが
番組を制作・放映する「ディズニー・チャンネル」で子役
を演じて以降、成長して人気スターになった彼女の例を見
てもわかるように、彼女はまだ幼い頃からセクシュアリ
ティーを宣伝させられていました。彼女の場合は、30歳
の時に記憶が蘇らされ、真実を暴露しようと髪の毛を剃り
坊主にまでなりましたが、彼らに再度プログラミングや施
設に入れさせられる目的でディズニーに戻されました。こ
のように、ハリウッドもMKウルトラやマインドコント
ロールが使われていて、ここでの基準を設けたのがディズ
ニーワールドとディズニーランドなのです。

＊ブリトニー・スピアーズ

アメリカのシンガーソングライター、女優。1990年代末から2000年代半ばにかけて、ポップシーンを代表する女性シンガーとして活躍。2000年代最も売れた女性アーティストとして正式に認定。リリースした8枚のオリジナルアルバム中5枚が全米チャート1位を獲得し、全世界トータル・セールス1億枚を誇る。華やかなセレブ生活の裏で奇行も目立っていたが、それもマインドコントロールの影響があったと思われる。＜頭を剃った画像以外の2点はブリトニー・スピアーズ　インスタグラム @britneyspears より。頭を剃ったブリトニーの画像は『TRANCE：The Cathy O'Brien Story』より＞

**美代子** 本当に、こんな真実が暴露されたら、きっと多く
の人がディズニーにも行かなくなるでしょうけどね（笑）。
他にも、真実が明るみに出れば、コロナの時期にワクチン
を勧めていた医療機関も閉鎖するでしょうし、大手メディ
アも潰れるはずですが……。

**キャシー** 今、アメリカでは医療機関から大量の医者や看
護師が退職しています。学校でも先生が辞めています。子
どもへの教育も見直しが必要です。医療に関しても、これ
まで、大手製薬会社が大学の医学部に資金を提供してきた
わけですからね。基本的にワクチンは、今まで人体にとっ
て有益なことはなかったのです。

**美代子** そうですよね。そもそも西洋医学の薬は、石油王
のロックフェラーが石油から作り出したのですから身体に
良いわけないですよね。そして、自然療法の医者は消され
てきたわけですからね。もっと皆、自然のチカラを信じら
れるようになれるといいですけどね。

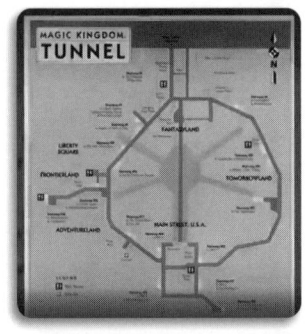

**＊ディズニーワールドの地下施設**

フロリダのディズニーワールドの
地下にはトンネルが通り、MKウル
トラの施設があるという。＜画像
は『TRANCE：The Cathy O'Brien
Story』より＞

##  残酷なことができるのは 宇宙人だから!?

**美代子** 少し話題を変えますが、私はこういった人類に対する大罪を犯す存在たちは、人間ではないと見ています。彼らはレプティリアンとか人間と宇宙人のハイブリッドなのではないでしょうか？ 結局、そうでない人は脅迫されたり、マインドコントロールされたりしてきたわけでしょう。もし、人間だとしても、置かれた状況で悪人になってしまった、という気がします。ジョージ・ブッシュ・シニア、ヒラリーは見るからに極悪非道で、すでに人間ではないように思えるのですが、いかがですか？

**キャシー** はい、そうです。彼らは私たちとはまったく別の存在です。非常に極悪非道で、レプティリアンと呼んでもいいし、悪魔崇拝者と呼んでもいいですね。彼らは、人類に対する犯罪人として厳重に処罰されるべきです。ヒラリーは最悪ですし、元国務長官のマデレーン・オルブライトもひどいです。

**美代子** 彼らのことを人間ではなく、宇宙人だと感じたことはありませんか？　例えば、姿形がシェイプシフト（変身）することなどはなかったですか？

**キャシー** 宇宙人かどうかはわかりませんが、ボヘミアン・グローブで宇宙人について話し合いがされている時に、ジョージ・ブッシュ・シニアが「宇宙人は、将来の自分たちの姿である」と語ったことがあります。彼はタイムトラベルで未来に行けるとも言っていました。また、レプティリアンという存在の幻想を創り出し、皆を恐怖に落とそうとしていました。なぜなら、爬虫類（はちゅうるい）とか蛇は人間にとって恐怖の対象なので。もちろん、実際にレプティリアンはいるかもしれませんね。宇宙には知的生命体がいても不思議はないので。でも、個人的には地球外生命体は愛のある存在だと信じたいです。

**美代子** そうですよね。私が以前にインタビューしたトニー・ロドリゲスさんという方は、10歳の時に、クラスの同級生の父親にイルミナティのメンバーがいたことがきっかけで宇宙船に拉致され、宇宙に奴隷として連れて行かれました。以降、20年間も闇側の「秘密宇宙プログラ

ム」の奴隷になった人でしたが、彼も拉致された最初の数年間は、アメリカやペルーなどでキャシーさんと同じような体験をしています。エリートたちの性的奴隷になったり、麻薬取引のために開発されたサイキック能力を使わされたりしていたのです。

**キャシー**　そうだったのですね……。

##  父親より良心があった ジョージ・ブッシュ・ジュニア

**美代子**　そんな残酷なエリートたちですが、しかし、ジョージ・ブッシュ・ジュニアには、少しは良心があるように感じられるのです。確か、キャシーさんは、ジョージ・ブッシュ・ジュニア自身もかつて、"人間狩り"をされたと話していましたよね？　そうであれば、彼も被害者ですね。ということは、彼はトラウマによりマインドコントロールされているのではないでしょうか？

**キャシー**　はい。素晴らしい観察力ですね。ジョージ・ブッシュ・ジュニアは確かにそうです。彼は父親ほど極悪人ではありません。彼は自分の父親から、非道で危険極まりないゲームで狩猟されるのを、自ら体験したのです。彼はブッシュ家の血統として大統領になるために仕込まれたのです。かつて、『影なき狙撃者』という映画がありました。この映画では軍の英雄が、実は敵側から暗殺者に洗脳されており、無意識下で殺人を重ねて大統領候補まで標的にする、という映画でした。彼も同じようにマインドコントロールされたのであり、私は彼に同情します。彼の父親のジョージ・ブッシュ・シニアは想像を超えるような恐ろしい人でした。でも、ブッシュ・ジュニアなら、もし、マインドコントロールから自由になれたら、もしかして、真実を証言してくれるかもしれません。それを期待します。あと、彼が生まれつき悪魔的な存在であれば、逆にマインドコントロールされることはありませんでした。おわかりいただけますか？

**美代子**　はい、わかります。ジョージ・ブッシュ・ジュニアには動揺が見られましたから。それはつまり、心があるということだと思います。気の毒ですね。まあ、残念なが

ら人類の敵にはなってしまったわけですが。ヒラリーや
ジョージ・ブッシュ・シニアとかは明らかに極悪人だとわ
かります。キャシーさんはロナルド・レーガン大統領に
も、頻繁にお会いされていましたね。彼も善良そうな人で
したが、一度、暗殺未遂に遭ってからガラリと変わったよ
うですが、どうなのでしょうか?

##  暗殺未遂事件が トラウマになった レーガン元大統領

**キャシー**　はい。私はロナルド・レーガンを直々に知って
いますが、彼はいい人でした。私は、彼から直接に虐待と
か傷めつけられたりはしていません。あれこれと指示はさ
れたことはありますが。彼は最初、「自由と憲法」という
スローガンを掲げており、世界統一政府に従わない内容
だったので暗殺されかけたのです。しかし、それがトラウ
マとなり、以降は彼らの言いなりになってしまいました。
ちなみに、レーガン政権を陰から操っていたのはジョー

ジ・ブッシュ・シニアとかディック・チェイニーです。
レーガンもどこかの段階で、本来持っていた自分の自由な
思考や意思を取り戻してほしかったですね。特に、大統領
の時にそれができていれば、真実が明るみに出て、世界は
今のようになっていなかったかもです。

　しかし、ケネディが暗殺されたように、レーガンも暗殺
されそうになったことで、それが大きなトラウマになった
ようです。ドナルド・トランプ前大統領に対しては、彼ら
はメディアを駆使して、彼の人格を"暗殺"しました。な
ぜなら、トランプが彼らのダークなアジェンダを暴露して
いたからです。そこで、メディアで繰り返し作り話である
トランプの悪口を報道し続けることで、彼の信用を失墜さ
せました。一般の人々は、支配されたメディアがどのよう
に民衆をマインドコントロールしているのか、気づく必要
がありますね。

# ワシントンの腐敗を暴く トランプ前大統領

**美代子**　その通りですね。2016年にトランプさんがヒラリーに大統領選で勝利した時は、本当にうれしかったです。これまでの流れが大きく変わったことで、ワクワクしました。演説をしている彼の波動も素晴らしかったし、集会での人気などからも、彼の勝利を直感的に確信しました。それでも、世界中のメディアやハリウッド・スターまでが彼と彼の家族を執拗にバッシングし続けるのには驚きました。例えば、トランプさんを激しく非難する女優のメリル・ストリープには呆れましたね。

**キャシー**　ええ。2016年にトランプが立候補した時には、すでにアメリカでは多くの人々が目覚めていました。トランプの人気はすごくて、圧倒的多数の人がトランプに票を入れていましたよ。新世界秩序を掲げるヒラリークリントンではなく、ワシントンDCの腐敗や人身売買を暴ける大統領を選んだのです！

**美代子** 　まさかトランプさんが大統領になるとはカバール側は想像もしていなかったので、相当焦ったのでしょうね！

**キャシー** 　はい。私は若い頃のトランプを知っています。彼は 1980 年代から一貫して同じ主張をしています。秘密結社や彼らのダークなアジェンダを暴こうとしていたので、カバールは彼をその頃から恐れていました。

**美代子** 　そんな若い時からなのですね。さすがです！　私は、彼は神様が選んだ大統領だと信じていますので、喜ばしいです。お酒も飲まれないし、真面目な方でしょうね。

##  MK ウルトラの犠牲者だったマイケル・ジャクソン

**美代子** 　そういえば、マイケル・ジャクソンもマインドコントロールされていましたよね？

*Cathy O'Brien*
—— キャシー・オブライエン ——

**キャシー**　はい。彼も私と同じ時期に MK ウルトラやプロジェクト・モナークの影響を受けていた人です。モナークは何世代にもわたって行うマインドコントロールでもあるのです。ヒムラーやヒットラーの研究では、虐待に基づく信念体系が３世代続くと、それは脳に遺伝されるというものでした。ですので、私は生まれた時からすでに人の言いなりになりやすくなっていたのです。これは、マイケルも同じで、彼も幼少期に虐待されていました。実は、彼は私の家からたった３キロメートルしか離れていない場所で育てられていたので、私には彼が小さい頃から MK ウルトラの犠牲になっているのがわかりました。彼は、一時期マスクをつけさせられたことで、脳への酸素を減らされ、声が弱められました。これも、彼が虐待について自分の歌を通じて広く人々に向けて必死に訴えていたからです。彼があれだけマインドコントロールされながら、歌で真実を暴露しようとしていたことは奇跡ですね。それだけ魂と精神力が強い証拠です。けれども最終的に、彼はディズニーに送り返されました。再プログラムされるためです。

**美代子**　そうでしたか。それにしても、影響力のある人はターゲットにされますが、トランプさんのような人は、彼

らと仲間のふりをしておきながらも、冷静に彼らを観察していたことで、自分が騙されたりすることもなかったし、脅しに屈服したりすることもありませんでした。愛国心にあふれた素晴らしい方ですね。最初の頃は、彼もカバール側だと勘違いする人が多かったですが、私はずっと彼を信じてきました。

##  ボヘミアン・グローブで焼き殺される運命だった⁉

**美代子**　ところで、ここで、あの悪名高きボヘミアン・グローブについて、また、そこで実際に生きている人が焼き殺されるという話などをお聞かせいただいてもいいですか？

**キャシー**　はい。すでにご存じの人も多いように、ボヘミアン・グローブはカリフォルニア州北部にあるエリート政治家たちが集うクラブです。実は、30歳の時に、レーガン元大統領から、ボヘミアン・グローブの森の中でこの私

自身が生贄<ruby>生贄<rt>いけにえ</rt></ruby>として殺されることになる、と告げられたのです。その理由は、「NAFTA（北米自由貿易協定）」のための犯罪的な下準備や、新世界秩序の資金源である麻薬と人身売買の仕組みなどについて、私がそれらの秘密を知っていたからです。要するに、政府は私が多くの機密情報を暴露しないようにしたかったのです。もちろん、私自身が何を行ったかなどの記憶はすべて覚えていないということにはなっていましたが、30歳というのは、電気化学的な変化が人体に起こる時期で、脳のニューロン経路が開かれることがあるらしく、脳内の神経細胞の通り道が開き、記憶が漏れはじめる可能性が出てくるのです。そこで、情報の漏洩を恐れて、ボヘミアン・グローブで世界の指導者たちの前で私は焼き殺されることになっていたのです。自分たちの秘密が私と一緒に葬られるのを見せるためです。この時、ジョージ・ブッシュ・シニアが背後にいて、レーガンにこの言葉を言わせていましたね。

**美代子** なんということ！　そんなことを聞かされたら気が狂いそうですね。キャシーさんのマインドコントロールを解く治療にあたったマーク・フィリップス*さんは、キャシーさんが30歳で焼き殺される運命にあるというこ

**＊マーク・フィリップス**

キャシーさんの洗脳を解き、後に人生のパートナーとなったマーク・
フィリップス。＜画像はキャシー提供＞

とを知っていたのですね。

**キャシー**　はい。そうです。私が何年にもわたって接してきた、私と同様にMKウルトラ、マインドコントロールの被害にあった他の女性たちが、ボヘミアン・グローブの森で生きたまま焼き殺されているのを知っていました。多くの女性が生き残ることはできなかったのです。しかし、当時の私は自由な思考ができていないので、そのことを特に怖いと自分自身で思うことはなかったのです。1988年、私の死の宣告直前に、マーク・フィリップスが介入してきてくれて、彼はワシントンD.C.の腐敗した"沼地"から私と娘を救い出し、私たちの命を助けてくれました。

# 世界のエリートたちが集まる ボヘミアン・グローブ

④

⑤

⑥

カリフォルニアの森の奥深くで行われるボヘミアン・グローブの秘密の集会の様子。常識では考えられないような悪魔的儀式（画像は、首吊り①や生贄②）などが行われていたりする。③は知恵を象徴するフクロウをモチーフにした祭壇が用意されている。④は自然の中で行われている会議。⑤は儀式で生贄にされるのか、白いローブを着た女性が2人前列にいる。⑥は、ボヘミアン・グローブのモットー。「Weaving Spiders Come Not Here」はシェイクスピアの『真夏の夜の夢』の言葉から。ここにいる間は自分のビジネスに関することや下界の気になることはすべて外に置いてくること、という意味。
＜画像はすべて『TRANCE：The Cathy O'Brien Story』より＞

# 洗脳を解いてくれた<br>マーク・フィリップス

**美代子**　それは、マークさんにとっても命がけでしたね。キャシーさんは今、この地球上で人類のために果たすべき偉大な役割があると思っていますし、マークさんのおかげでそれができているのですね。2人は、肉体に入る前からそういう崇高なミッションを決めてきたのでしょうね。素敵です。そして、耐え難い地獄のような日々の中で、救世主のようなマークさんとのロマンスもありましたね。マークさんは、どのような方なのですか？

**キャシー**　マーク（1943〜2017年）は、極秘技術である「トラウマに基づくマインドコントロール」の権威者であり、メンタルヘルスと法執行機関の専門家たちから国際的に評価されていた人です。また同時に、彼は政府のインサイダーとして、諜報活動も行っていました。つまり、彼はCIA、FBI、NSA、シークレット・サービスなどの重要な場所に必要な時に入れるポジションにいたのです。だから、彼は子どもたちがホワイトハウスに出入りするのを見

ているし、私たちがマインドコントロールで支配・虐待され、犯罪人の取引や指示を出させられている様子も知っていたことで、それを見かねて、娘と私を救い出してくれたのです。

**美代子** マークさんは光の戦士、本当の英雄ですね。

**キャシー** はい。私は彼と出会うまで、本当の"愛"とか本当に"善良な人"などを知らない世界に住んでいましたから、彼のような人は初めてだったのです。だから、最初は彼のことが信じられませんでした。私には、自由な意思も思考も判断力もないのです。しかし、彼は多くの動物を飼っていて、どの動物も非常に彼に懐いていました。今まで私の周囲にいた人は誰もが動物のことも残酷に虐待するような人たちだったので、彼がそういう人ではないとわかりました。それで彼に心を開くことができたのです。こうして、私は優しくてハンサムな彼と恋に落ちることになったのです。しかし彼は、私がしっかりと自分自身を取り戻すまで、男女の関係は築かないときっぱりと言うような人でした。だからこそ、私は必死に治ろうと努力したのですよ（笑）。

彼に助けられてわかったこととは、「人間とは、どれだけひどいトラウマがあろうと、それを癒やすことができる」ということ。そして、「人間は回復力のある身体と心と精神を持っている」ということもわかりました。マークから教わったことの中では、「記憶を書き出すこと」の重要性が大切でした。でも、私は過去の記憶を書き出して愕然とすることもありました。彼らが私を支配する決まり文句が、「○○をしないと娘を虐待するぞ！」という脅しでした。これは後でわかったことですが、娘も私と同じように、「○○すれば、お母さんは虐待されないぞ！」と言われていたのです。こうして、私たちは彼らの犯罪行為に参加させられていたのです。

　『トランスフォーメーション・オブ・アメリカ*』（ヒカルランド刊）に書かれていることは、本当に恐ろしいことです。私はマークに、マインドコントロールのもとで自分は一体何をしてきたのかを考えると、「どうやって生きていけばいいのかわからない」と言いました。すると、彼は「マインドコントロールのもとで強制されたことについては、あなたには責任はない。しかし、これからは己の行動

に責任を持つ必要がある」と言ってくれたのです。

##  PTSDからヒーリングされた 今とこれから

**美代子**　キャシーさんには、何も責任がありませんよ。それにしても、"手書き"をするというのが重要なのですね。今ではパソコンやスマホで文字を入力することがほとんどになりましたからね。

**キャシー**　はい、そうです。子どもにはできるだけ鉛筆

**＊『トランスフォーメーション・ オブ・アメリカ』**

キャシーとマークの共著である『トランスフォーメーション・オブ・アメリカ』。その内容の残酷さや卑劣さ、驚くべき内容に書籍のカバーに「本書には露骨な性的描写や暴力的な表現が多く含まれています。苦手な方はご遠慮ください」というコメントまである。

やクレヨンを使わせる方がいいですよ。書く作業が脳の
ニューロンの経路を増やしますからね。

**美代子**　わかりました。私も文字を書く際には、意識して
手書きをすることにしますね。マークさんが考案した癒や
しのメソッドは、今後多くの人にも役立つでしょうね。と
ころで、キャシーさん親子とマークさんの3人で最初は確
かアラスカ州に引っ越しをされましたね。その頃は、多少
身の危険を感じていたようですが、どの段階から安全が確
保されたと思われましたか？

**キャシー**　そうですね。私は彼に救出されてからは、もう
心から安心できていました。彼は、愚かな闇側の者たちと
比べてとても賢い人でしたし、マークのことはすっかり信
頼できたのです。また、2人で愛と喜びの波動の中にいら
れたので、心も安定していました。

**美代子**　それはよかったです。マークさんはすでにお亡く
なりになっていますが、いつあの世に旅立たれたのです
か？

**キャシー**　2017年です。

**美代子**　その後は心細くなったり、怖くなったりしません
でしたか？

**キャシー**　そうですね。彼を亡くした悲しみで落ち込む
か、それとも彼が進めていたミッションを続けるか、と考
えた時に、私は後者を選びました。やはり、悲しんでばか
りいると、また、彼らに操られる危険性があるので、自分
の波動を高く持つことを意識しました。今、すでに私の波
動は高いので、もはや、闇側は私に何もできないはずです
（笑）。

**美代子**　素晴らしいですね。キャシーさんは、マークと会
うまでは地獄のような日々だったかもしれませんが、彼と
の出会いによって、幸せになれたのは本当によかったで
す。そして今は、高い波動に同調されていることも喜ばし
いですね。今では、もうご自身にも愛にあふれたことしか
起きていないはずです。それが引き寄せの法則ですから
（笑）。

## 人の心と人生を決して 操らせてはならない！

**キャシー**　はい。その通りです。あの世に旅立つ前に、彼は、PTSD（心的外傷後ストレス障害）の治癒法である「PTSD：Time To Heal（©Cathy Obrien）」を世に出すことができたわけですからね。PTSDの治癒には時間がかかるのですが、人間性や自由意志まで崩壊していたこの私でも、この方法で完全に回復できたのです。彼のこのメソッドは、国家安全保障の名のもとに何世代も埋もれていた貴重な情報です。今、教育界や医療界だけでなく、人類全体において、正しい情報が抑圧されています。国家安全保障のもとで、彼はそれらの情報を公開することもできませんでしたが、今の私だからこそ、その情報を自分で公表することができているのです。彼も、あの世から人々の大いなる目覚めを見ることができているはずです。私たちの共同作業はとても愛と使命感に満ちた、充実した日々でした。私は今後も彼の使命を受け継いでいきます。今こそ、人々が癒やしを必要としている時代だからです。私は彼が私に与えてくれたものの代弁者です。私は生きている限り、彼

から与えられたすべてのものをもって、声を上げ続けるで
しょう。

**美代子**　素晴らしいですね！　お２人はこのミッションを
果たすために出会う運命にあったのでしょうね。悪魔崇拝
者が目論む世界支配のアジェンダのもとで、子どもたちが
されてきたことが明るみに出たら、誰もが怒りの声を上げ
るはずです。キャシーさんには今後、講演やカウンセリン
グの依頼が殺到するでしょうね。人類のために本当にあり
がとうございます。何か最後に読者へのメッセージはあり
ますか？

**キャシー**　はい。お伝えしたいことは、愛の無限の力に気
づき、私たちがここにいる理由を考え、人生の目的を生
き、自分の本来のあるべき姿、自由な意思や思考を取り戻
すことが大事だということです。私たちに必要なのは、自
分の内面を見つめることです。カバールに私たちの心と人
生を操ることを許してしまうのは、絶対にあってはならな
いことです。私たちが勝ち、彼らが負けるのです。私もま
た、毎日、奇跡の連続の中で、感謝して過ごしていきたい
と思います。

**美代子** そうですよね。生きていることだけで奇跡ですものね。また、私たちは一人ひとりが創造主ですから。キャシーさんからの最後のメッセージには、とても幸せな気分になりました。今日は、どうもありがとうございました。

**キャシー** こちらこそ、どうもありがとうございました。

# 美代子の部屋 ①

## ～対談を終えて～

### キャシーさんは、世界一勇気のある女性

　キャシー・オブライエンさんは、世界一勇気のある女性と言っても過言ではありません。

　幼い頃から近親者から性被害に遭い続けていたという事実だけでも、普通の人には想像を超える残酷な状況の中にいたのに、そこから、さらにCIAに売られて、今度は大物の政治家たちから性被害を受け続け、マインドコントロールされながら彼らの指示のもとで動かされていたキャシーさん。

　そんな彼女が名声やお金のためでなく、人類のために果敢に命がけで真実を伝えるために立ち上がったのです！

　実際には、キャシーさんと同じように犠牲になった女性たちの中には、今ではひっそりと自然の中で暮らし隠遁生活を送る人も多いそうです。

　その一方で、キャシーさんは、ご自身だけでなく娘さんも被害に遭っていたほどの人ですが、愛するマークさんがあの世に旅立たれた後も、声を大にして、闇側の世界のリーダーの実名を挙げながらご自身の実体験をリアルに暴いているのです。

　対談中にもあったように、アメリカの大統領たちは、代々カバールのアジェンダである「世界統一政府」を進めてきました。

　私の読者であれば、すでにこのことはご存じな方がほとんどでしょう。

　日本も戦後はアメリカの支配下にあるので、その状況は同じと言ってもいいでしょう。

CIAにはラングレイのトロールの実体験を語るスタッフもいる。同じ被害者の中には自身を隠そうに装うものが多いが、キャシーが勇敢にも彼女を続けている。

<画像はキャシー提供>

（対談を終えて）美代子の部屋 ①

 **「世界統一政府」のルーツには、やはりレプティリアンがいた！**

　では、この「世界統一政府」の構想とは、いつスタートしたのでしょうか？

　ここでは、世界統一政府の考え方の原点を振り返ってみたいと思います。

　まず、7世紀にハザール（カスピ海から黒海沿岸にかけて築かれた巨大国家）という国を作った遊牧民たちがいて、彼らは子どもの生贄を要求する「バール・モルク」（ルシファー）を崇拝していました。

　後に、9世紀になると一帯はロシアの支配下になり、その地域の民は改宗を求められ、ユダヤ教に改宗しますが、変わったのは名前だけであり、思想的には同じことを続けてきました。それがアシュケナージ・ユダヤ人（ハザール人）です。

　その子孫の1人がマイヤー・アムシェル・ロスチャイ

ルドです。

　彼がお金を出して1776年にイルミナティを創設したのですが、その目的が「世界統一政府を設立し、世界人類を支配すること」であり、その目的を果たすために世界中にロッジを設立します。

　イルミナティのメンバーの多くはアシュケナージ・ユダヤ人であり、彼らはマルタ騎士団やナイト騎士団になるものも多く、弾圧されても名前を変えて騎士団として存続し、1534年にイエズス会を設立しました。

　そして、そのうちの2,000人がロッジのリーダーになりました。こうして、イエズス会は世界中に蜘蛛の巣のように広がったのです。

　では、そもそも遊牧民たちは、なぜルシファー（悪魔教）を崇拝していたのでしょうか？

　それは、銀河連合の特使であり、考古学者でもあるエレナ・ダナーンさんの著書、『［ザ・シーダーズ］神々の帰還』（ヒカルランド刊）にも詳細がありますが、一族のルーツになった母方がシカール・レプティリアンの種族であり、その血を受け継ぐアヌンナキのエンリルが地

球を支配したからです。

　カバールの多くはエンリルの子孫です。ですから、悪魔に捧げるために子どもを生贄にしたり、子どもを食べたり、残忍な虐待などを平気で行うのです。彼らは純粋な人間ではありません。

　ナチスは、1940年代からネガティブな宇宙人の種族であるシカール・レプティリアン、ネブ・グレイと連携して「闇の同盟」まで結成していたのです。

## 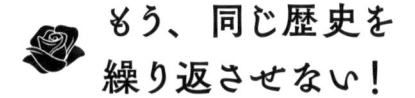もう、同じ歴史を繰り返させない！

　このような背景を理解していないと、キャシーさんの体験をなかなか真実として受け止められないかもしれません。

「そんなバカな⁉」とか、「いやいや、キャシーさんの方が、ちょっとおかしいんじゃない？」みたいに思う人もいるかもしれません。

　でも、この原点をご理解いただければ、ナチスの血も

涙もないホロコーストの歴史もわかっていただけるはず
です。

　しかし今、コロナ禍のマスクの強制や、パンデミック
後のワクチン後遺症、そして次々に出てくる腐敗した政
治、偏向報道などにより、「この世界は、どこかおかし
い!?」と少しずつ気がついてきた人が増えてきているの
です。

　私は、「実は、ワクチンは危険なものでした」という
1つの問題提議だけではなく、人類にとってはるかに深
刻な問題を皆さんに知っていただきたいのです。

　エンリル派閥の「世界統一政府」、つまりは人口削減、
人類の奴隷化が目的とされているからです。
　今、私たちが目覚めないと、歴史は繰り返されます。
　私たちの子孫は地球を守っていかねばなりませんが、
それが叶わなければ、また、同じような戦争、テロ事件
の続く監獄の地球になってしまうからです。

　歴史的に見ると、エンリルが地球を支配した紀元前

3700年頃から現在に至るまで5700年も彼らの支配が続いているのです。

これでは、地球も人類も良くなるはずがありません。

純粋な人間であっても加害者にされてしまうとのキャシーさんのお話から、マインドコントロールの恐ろしさがよくわかりました。

そして一旦、マインドコントロールされてしまうと、ロボットのように彼らの指示に従ってしまうのです。

## 🌹 マインドコントロールのからくり

アメリカでよく起きる乱射事件の犯人などは、間違いなくマインドコントロールされた人でしょう。

ワクチンの中に入っている酸化グラフェンやチップなどは、何らかのシグナル、例えば、危険な５Gの周波数によって反応すると聞きました。

ワクチンを接種した人によっては、ブルートゥース（デジタル通信に使う無線規格）のシグナルを発信している人も報告されています。このように、カバールはさまざ

まな手段を使い、人々をマインドコントロールしようと
してきたのです。

　例えば、マインドコントロールには周波数が使われる
ことも多々ありますが、432ヘルツが宇宙の自然な周波
数であり人間にとって心地よいと感じるのに対して、彼
らは意図的に440ヘルツを使ってきました。これは、破
壊と混乱を起こす周波数であるとのことです。

　また、キャシーさんがお話しされていた通り、今後は
現在の教育システムにも見直しが必要です。
　なぜなら、今の子どもたちは論理的に考え、疑問を抱
くことをしないように、暗記だけさせる詰め込み式教育
をしているからです。

　コロナ禍には子どもたちにマスクをさせて脳に酸素が
行かないようにもしていましたが、そのため、アメリカ
では親が自宅で教えるホームスクール方式の教育がさら
に普及したと話していました。

　カバールの活動のために子どもが利用されているとい

う、恐ろしい現実があります。

　彼らにとってのエネルギー源は子どもから摂取する「アドレノクロム（子どもに恐怖を与えると合成されるホルモンで、大人のアンチエイジングなどに使われる）」や、虐待によるネガティブなエネルギーであり、また、子どもの人身売買、臓器売買、性奴隷などのシステムも資金源になっています。

　そのためにカバールは、国境をなくそうとしてきたのです。NAFTA（北米自由貿易協定）もそうです。

　しかし、幼い子どもを守れるのは我々大人だけなのです。

 ## 世界が変わるのを待つのではなく、立ち上がるのはあなた

　そこで、トランプ政権時にトランプさんが最初に着手したのがアメリカの国境の壁政策です。そして、深層地下基地からの子どもたちの救出です。彼は、いくつもの大統領令を出していますが、「深刻な人権侵害をした

者の資産を凍結する」という「大統領令13818号」を
2017年12月に署名しています。

　彼らの資金が凍結されたことで、賄賂もできなくなっ
たのはよかったとはいえ、大手メディアは、このような
重要なことは一切報道しません。すでに、ご存じのよう
に大手メディアも闇側のために存在するからです。

　かつて、『TRUTH SEEKERS I』でホワイトハットの
パラディンさんにインタビューした時に、パパ・ブッシュ
はすでに軍事裁判で処刑され、自白した時の動画も残さ
れていることをお話しされていました。
　私は個人的には、ヒラリー・クリントン、ディック・
チェイニーなど極悪の殺人犯はすでに逮捕されていると
信じています。

　特に、クリントン夫妻は、以前、彼らのことを暴こう
とした70人以上の人々を巧みに自殺や事故に見せかけ
て殺害してきました。

　たとえ、もし、彼らがまだ逮捕されていないにしても、

私たちは彼らが逮捕されるのをただ待っているのではなく、キャシーさんの勇気ある告発を受けて、多くの方が目覚めて立ち上がることを切に希望します。

##  不安は杞憂に終わったインタビュー

今回、正直に申し上げると、キャシーさんをインタビューするのは少し躊躇（ちゅうちょ）していました。

今まで、カバールによるペドフィリア、子どもの生贄など調べてきたので、キャシーさんのお話を聞くと、胸の張り裂ける思いをしなくてはならないのではないかと思ったのです。

しかし、それはまったく杞憂（きゆう）に終わりました。

キャシーさんの愛とポジティブな波動にこちらもすっかり同調して、幸せな気分になれたのです！

私たちの思考が未来を創造しているのであり、引き寄せの法則では同じ波動のものしか引き寄せません。

カバールに支配された世界をリセットするのは、意外に早いかもしれません。

　なぜなら、人類解放のためにホワイトハット、地球アライアンス、銀河連合、銀河間連合、シーダーズ（人類創造の創始者たち）などが私たちの見えないところで活動してくれているからです。

　サイコパスで変態、冷血なカバールは知的ではないし、人数も少なくなってきています。彼らに従わない人々が増えれば、すべてが終わるはずです。

　私たちも、政治家たちが変わるのを待つのではなく、誰もが平等に素晴らしい能力があるので、一人ひとりがその能力を発揮していきましょう。

　今まで抑圧された社会では、どうしても自己評価は低くなり、自分なんて……と思いがちだったのではないでしょうか。

　しかし、キャシーさんのように、生まれて以来、虐待に遭い続けて暗黒の地獄にいたような人でさえ、今は天国の女神様のように輝いているのです。

　もちろん、救出されて洗脳が解かれたからですが、彼

女自身の心が愛のあふれる希望ある環境を創り出したの
です。

 ## 脳の回路を変えて、
自分を変えよう!

　でも、そんな生き方が難しい、という人は、キャシー
さんもアドバイスされていますが、今までと違う生活習
慣にトライしてみてください。

　発想の転換です。脳の回路を変えるのです。思い切っ
て違うことをしたり、自然にもっと触れてみたりしま
しょう。
　自分の60兆個もの細胞や内臓器官、そして自分の魂
に感謝しましょう。

　キャシーさんがご自身の人生を奇跡の連続と笑顔で
おっしゃいましたが、命があることに感謝です。
　どんな試練も乗り越えられます。すべては学びのため
に起きていることなので、自分を毎日讃えて、自分に愛

を与えるような習慣をつけましょう。

　キャシーさんは、DNA も魂や思考の力で変えられると語っていますが、同じことを細胞生物学者のブルース・リプトン博士もおっしゃっています。

　皆さんも、自分の魂や思考の力を信じ感謝して、キャシーさんのように輝いてください。

　今回、私はキャシーさんをインタビューできたことに、心から感謝をしています。

現在は、愛の波動の中に生き、心身共にヘルシーな環境の中で
新たな人生を送っているキャシーさん。
＜画像はキャシー提供＞

# PART

## II

# ダン・ウィリス

*Dan Willis*

アメリカ人。海軍出身。海軍時代は通信・エンジニアリング部門の責任ある地位に就いていたが、軍内で UFO の目撃情報を入手以来、自ら UFO の調査をはじめる。以降、ディスクロージャーや真実追求の活動をスタート。2001 年にワシントン D.C. のナショナル記者クラブで、地球外生命体、UFO などの情報を他の関係者たちとともに世界中の大手メディアの前で証言した証人の1人。また、ヒーリング・クリスタルの生みの親であるマルセル・ヴォーゲル博士の科学的協力者でもある。現在は銀河連合のメンバーであるジェン・ハン・エリディオンと協力して、クリスタルを使用したフリー・エネルギーの研究も行っている。

海軍時代に極秘情報である
UFO 情報にアクセス以来、
自ら UFO ＆ ET 情報のリサーチを開始！
現在は、クリスタルの未知なるパワーを
銀河連合と協力して探求中！

*Dan Willis*
—— ダン・ウィリス ——

# 元海軍のエンジニア出身、ダン・ウィリスさん

**美代子**　こんにちは、ダンさん。はじめまして。今日はお会いできるのを楽しみにしていました！　最初にダンさんのことを簡単にご紹介しておきましょう。アメリカ人のダンさんは元海軍で、通信・エンジニアリング部門の責任ある地位にいらっしゃった人です。軍を退いてからは、ディスクロージャーや真実追求の活動などをはじめ、世界中のフリー・エネルギーなどの発明家に会いに行き、クリスタルの持つパワーなども、科学的、理論的に伝えてくださっている方です。

**ダン**　美代子さん、こんにちは。ご紹介をいただき、ありがとうございます。今日はお会いできてうれしいです。

**美代子**　早速ですが、現在、ダンさんは"オフグリッド*"の生活をしていることですね。オフグリッドとは電力会社の送電網に頼らず、自給自足で電力を賄う生活を送っている、という意味ですね。

**ダン**　はい、その通りです。私たち夫婦は、すでに 20 年以上もアメリカの山の上でオフグリッドの生活をしてきました。住んでいる家は光熱費がかからないだけでなく、ハリケーンや雷にも強いドーム型の家なんですよ。

**美代子**　電力でなく、太陽光での暮らしが叶えられているなんて、理想的ですね。それでは、改めて、ダンさんが真実探究をはじめたきっかけからお話しいただいてもいいでしょうか。

＊オフグリッド

アメリカの山中にダンさんが建てたオフグリッドライフを送るための自宅。自給自足で電力を賄う生活をしている。ハリケーンや雷など自然災害にも強いドーム型の家。＜画像はダン提供＞

*Dan Willis*
—— ダン・ウィリス ——

**ダン**　わかりました。真実を探究する私の旅は 1969 年に
はじまったのですが、それは人生を変えるような出来事が
きっかけでした。私は、サンフランシスコの海軍通信室の
責任者であり、毎日、通信室で非常に忙しい日々を送って
いました。当時の私は、米海軍で極秘暗号を扱う部署のク
リアランス * を持っていたので、通信に関する極秘データ
にアクセスできていたのです。そんなある日、アラスカ
沖にいた海軍の船から極秘メッセージがモールス信号で
入ってきたのです。それは、「およそ直径 70 フィート（21
メートル）の円盤が海中から出現するのを何人もの船員が
目撃した。そして、それは時速 7,000 マイル（1 万 1 千キ
ロメートル）以上で宇宙に向かって飛び立った。その事件
は、我々の船の真横で起きた」というメッセージでした。
私は早速その情報を上司に伝えると、それは海軍の最高位
にまで届きました。それは間違いなく地球外生命体が乗っ
ていたものです。しかし、この情報は世に出ることはあり
ませんでした。なぜなら、1953 年のスパイ法により米軍

---

**＊極秘暗号クリアランス**

セキュリティ・クリアランスは、国家機密などの情報を扱う職員に対して、
その適格性を確認し、この資格を持っている者は、暗号化アルゴリズム、
暗号プロトコル、機密通信システムなど、暗号に関係する国家の極秘デー
タにアクセスできる立場にある。

人が UFO の目撃情報を公開すると、10年の禁固刑に科せられることになっていましたから。

##  軍で報告される UFO 情報の調査を自ら開始！

**美代子** 今から約50年以上前の1969年に、そんな情報を直々に受信したら人生観などはガラリと変わるでしょうね。その後、ダンさんはどうされたのですか。

**ダン** はい。それから、まずはその時の UFO 情報について、アラスカ沖の海軍の船員たちを中心に目撃状況を独自に調べることにしたのです。すると、同時期にやはり別の船からも、250フィート（76メートル）の円盤が海中から出現し、海軍の船の周囲を旋回し、宇宙に飛んで行くのを25人の船員全員が目撃していたこともわかりました。その他の多くのレポートを見ても、UFO が海中から猛スピードで宇宙に飛んでいくという報告がたくさんありまし

た。これらは、米海軍の極秘機密報告書に記載されているので真実です。

**美代子**　そうなのですね！　当時はまだインターネットも普及前だし、情報がない時代ですが、それでも、海軍にはそんなに多くの報告が上がっていたのですね。ということは、海底に地球外生命体の基地があるのでしょうか。

**ダン**　その通りです。近年の目撃情報でも、何千もの宇宙船がアラスカ沖から出現しているという報告がありますね。そして当時、そのような事実を掴んだ私には、2つの疑問が浮かんだのです。それは、①なぜ政府はこれを人々に開示しないのか、②なぜ、地球外生命体は人類の前に姿を現さないのか、ということでした。

**美代子**　その2つに関しては、きっと誰もが疑問に思うはずですよ。ところで、ダンさんは、宇宙人とナチスやカバールの関係についても詳しいですよね。このトピックについて、1900年初期の頃からのお話を時代順にお願いできますか。

##  大戦前後から ドラコ・レプティリアンは ナチスと手を組んでいた

**ダン**　はい、わかりました。まず、1933年頃には、シカール帝国のドラコ・レプティリアンはナチス親衛隊\*に高度な技術を与え、すでに彼らと同盟を結んでいました。この技術提供によって、ナチスは戦時中、1938年から南極大陸\*に秘密の地下基地を建設しており、戦争末期にはUFO技術をドイツ国外に移し、100隻以上のUボートを擁する潜水艦隊、トップ科学者、25万人以上のドイツ人を南極に移住させていたのです。他にも、アルゼンチンやその周辺地域に大勢のドイツ人を移住させており、アドルフ・ヒトラーと彼の妻のエヴァ・ブラウン、そしてヒムラーもこれに加わったのです。このことは、ナチスを手助けしたカバールのアメリカ諜報員によって知られていることです。ちなみに、この南極の秘密基地は上空に約3メートルの棚氷があり、外部からは侵入不可能でした。

そして、1945年の終戦前には、後にCIAの長官にも

## ＊ナチス親衛隊

ナチス親衛隊の背景には、ドラコ・レプティリアンから技術提供を受けて開発した空飛ぶ円盤が置かれている。＜画像はダン所有資料より＞

## ＊南極大陸のナチス

ナチスは戦時中から南極の地下に秘密基地を建造し、トップ科学者など多くのドイツ人を移住させていた。＜画像はダン所有資料より＞

なったアレン・ダレスがドイツに滞在し、ナチス諜報機関のトップと数千人のナチスのスパイ・ネットワークと契約を結び、アメリカの戦時中の諜報機関であるOSS（Office of Strategic Services）やCIAで働かせるようにしました。ダレスは書類を偽造・起草してまで、戦争犯罪に関与した５千人以上のナチスを釈放するために働き、トルーマン大統領の命令に反して、多くのナチスの記録を抹消したのです。

**美代子**　まったく、アレン・ダレスとは全人類の敵ですね！

**ダン**　はい。そして、大戦後の1946年9月には、「ペーパークリップ作戦」の名の下で、米軍は1,600人の元ナチスの科学者や医師を雇いましたが、その中には、ヒトラーの協力者も含まれていました。例えば、殺人や人体実験に責任のある人物、戦争犯罪で有罪判決を受けた人物、また、裁判を受けなかった人物なども含まれています。そして、その年にCDC（米国疫病センター）も創設されました。

**美代子**　残虐な人体実験や拷問、殺人を繰り返してきたナチスの科学者や軍人たちが処罰されるどころか、アメリカの政府機関や経済界、医学界などの組織や企業の重要ポストに入り込んだというのは恐ろしいことですね。そういう生き残りのネオナチたちが、その後、有害なワクチン開発を進めたとも言えますね。

**ダン**　はい。1947年6月16日ヒトラーの首謀者であったクサヴァー・ドルシュが、ペーパークリップ作戦によって、アメリカの「深層地下軍事基地（DUMB）」ネットワーク構築を開始しました。

**美代子**　多くの闇予算が注ぎ込まれ、地下軍事基地でドラコ・レプティリアンやグレイなどと共に、拉致した人たちの恐ろしい人体実験、アドレナクロムの生成、クローン生成、秘密宇宙プログラムなどが進められ、拉致された人が奴隷にもされていました。それは、これまで私も自著の『TRUTH SEEKERS』でずっと詳細を紹介してきたことです。

**ダン**　もちろん、ナチスの南極基地を破壊しようと試みたジェームズ・フォレスタル国防長官やバード提督のような

政府関係者もいましたが、その際も、南極基地から飛来した空飛ぶ円盤によって敗北したのです。

**美代子**　アメリカ国民には南極探査と伝え、真の目的は隠されていた「ハイジャンプ作戦」ですね。バード提督が指揮されていました。

##  権限のなかった<br>アイゼンハワー元大統領

**ダン**　はい。その後、1950年には、国民をマインドコントロールするために、アレン・ダレスが長官の時、CIAは400人のメディア・ジャーナリストに報酬を支払い、メディアを支配する「モッキングバード作戦」を開始しました。現在では、CIAは大衆のマインドを総合的にコントロールするために、主要メディアを6社に統合していますね。

**美代子**　フェイクニュースを伝え続けるメディアの罪は大

きいです。

**ダン**　続いて、1952年7月には、ナチスがトルーマンとアイゼンハワー政権を先端技術で威嚇するためにワシントンD.C.上空\*を飛行しました。

**美代子**　ナチスは常に好戦的ですね。しかし、闇側の進んだテクノロジーに負けず劣らず、光側の地球外生命体も地球を見守ってくれていますよね。例えば、アイゼンハワー元大統領\*は銀河連合とも会合していますしね。

\* ワシントン D.C. 上空を飛行した UFO 群

1952年に首都ワシントンD.C.上空に大群のUFOが現れて大勢の市民が目撃した事件。「ワシントンUFO乱舞事件」と呼ばれているが、これはナチスが指揮したものといわれている。＜画像はダン所有資料より＞

**ダン** はい。1954年にアイゼンハワーはエドワーズ空軍基地で銀河連合と初めて会合し、オリオン星団のドラコ・レプティリアンのグループを信頼しないように警告しました。本来なら、その年の5月に、アイゼンハワーはメディアでそのことを公開する予定だったのです。

**美代子** 銀河連合は心配してくれていたのですね。ありがたいです。しかし、アイゼンハワーはもはや大統領でありながらも、極秘情報にアクセス、または、それらを管轄する権限はなくなっていたのですね。

**＊アイゼンハワー元大統領**
**（1890-1969）**

第34代アメリカ合衆国大統領。最終階級は元帥。陸軍軍人。軍人としては連合国遠征軍最高司令官、アメリカ陸軍参謀総長、NATO軍最高司令官を歴任。大統領ではあったものの、光側のスタンスだった彼は、最高レベルの機密情報などへのアクセス権はなかったといわれている。＜画像はダン所有資料より＞

**ダン**　ええ。1954年5月、元ナチス親衛隊が、「ビルダーバーグ会議*」を開始しました。これは、主流メディアのアジェンダを調整するためのものであり、以降、毎年開催されています。また同年、ネルソン・ロックフェラーがUFOやETなどを秘密裡に調査する委員会、「マジェスティック・トゥエルブ*（以降MJ-12）」を再編成し、アイゼンハワーはUFOに関連する管轄権やアクセス権をますます失うことになりました。

**美代子**　MJ-12の最初のメンバーには、あの悪名高きアレン・ダレスもいますしね。そして、人類にとって悲劇的な条約が締結されてしまったのですよね。1954年アイゼン

＊ ビルダーバーグ会議

1954年から毎年1回、世界的影響力を持つ人物や企業、機関の代表が集まり、世界の重要問題や今後の政治経済や世界情勢などを話し合うという秘密会議。＜画像はダン所有資料より＞

ハワーは、ニューメキシコのホロマン空軍基地でレチクル座ゼータ星出身のトールグレイと「グレアダ条約*」を締結します。これは彼の意向ではなく MJ-12 からの指示だそうですね。

### *マジェスティック・トゥエルブ（MJ-12）

1954 年に結成された宇宙人に関する調査や、宇宙人との接触や交渉を秘密裡に行う米国政府内の委員会の名称。政府高官や科学者など 12 人の専門家で構成された。影の政府である MJ-12 は大統領よりも権力を持っていたといわれている。＜画像はダン所有資料より＞

### *グレアダ条約

宇宙人から最先端のテクノロジーの提供を受けるための条約。取り決めの中には、次のようなものがある。軍産複合体は将来のために核兵器を製造し続けてもよい。一定数の人間を医学的な実験のために誘拐し、期間内に無事に元の場所に返す。さらにその人々の宇宙での記憶を消す。鉱物や家畜も実験できる。宇宙人も人間もお互いに干渉せず、宇宙人が地球に来ていることは内密にする。宇宙人が拉致した人のリストは MJ-12 に提出する。宇宙人はアメリカ人以外とは交渉しない、など。

##  大統領よりもパワーがあった「マジェスティック・トゥエルブ（MJ-12）」

**ダン**　はい。でも、アイゼンハワーはこの条約が欺瞞であることに気がつきました。アメリカ全土で切断された動物が発見されたり、アブダクションされた人の数なども条約の範囲を超えていたりしたからです。

**美代子**　アイゼンハワーは、1958年には「エリア51」への立ち入りを拒否されたことで怒り、「MJ-12側が立ち入りを許可しなければ、基地を侵略する」とMJ-12サイドを脅したのですよね。

**ダン**　はい。しかし、予想外にMJ-12の力は大きすぎました。1958年にNASAが創設され、NASAはナチス親衛隊によって運営されることになります。また、ウォルト・ディズニー（フリーメーソン33階位）とロケット開発の中心人物であったヴェルナー・フォン・ブラウンがメディアを用いて、重力を克服するロケット推進力の利用を民間

にも売り込みました。当時、すでにナチスは反重力宇宙船も月の基地も持っていましたからね。

**美代子**　アイゼンハワーは気の毒でしたね。彼は、1961年にアメリカ国民にTVで警告を発したのですよね。でも、彼に続く大統領たちの中にも、違法にトップクリアランスへのアクセス拒否をされてしまったリーダーは大勢いますね。

**ダン**　はい。ケネディ、カーター、クリントン元大統領がそうでした。また、ジェームズ・ウールジー元CIA長官もアクセス権がなかった1人です。

**美代子**　まさに、MJ-12などの闇の政府が国を牛耳っているという証ですね。1996年に起きた元CIA長官ウィリアム・コルビーさんの死についてのことはご存じですか？

**ダン**　はい。1996年4月27日、元CIA長官ウィリアム・コルビー氏の遺体がポトマック川に浮いているのが発見されました。実は、ちょうど当時の彼はUFO研究者のスティーブン・グリア博士と共に、地球外生命体のテクノロ

ジーであるゼロポイント・エネルギー装置を世に広めよう
としていたのです。他にも彼は、CIA に潜入しようとして
いたイスラエルの試みや JFK 暗殺の真実、CIA が関与し
ていた麻薬密売や児童への性的虐待に関する情報の開示を
計画していたともいわれています。

**美代子**　彼は、明らかに殺されたのですね。それにして
も、CIA でも正義感のあるリーダーもいたのですね。ネバ
ダ州のグルーム・レイク空軍基地は、「エリア 51」という
名で知られていますが、多くの大統領もアクセスできない
ほどの最高機密の基地となりましたね。そういえば、ダ
ンさんは、エリア 51 にある「S4 基地」の研究者であるロ
バート・ラザーと直々にお会いになったらしいですね。

**ダン**　はい。1993 年、私はエリア 51 の近く、ネバダ州レ
イチェルで行われたミーティングに参加したことがありま
す。その際、ロバートが UFO をリバースエンジニアリン
グ（機械を分解したり、そのパーツを分析したりして、動
作の状況や機器の構造を調査）する業務を S4 で米海軍情
報部のために行っていたことについて語りました。実はそ
の日、私は最前列の席に座っていたのですが、当日禁止さ

れていたビデオ録画を密かに行ったのです。

 ## D.C.での「ディスクロージャー・プロジェクト」記者会見に証人として参加

**美代子** すごい方とお会いされたのですね！　ちなみに、スティーブン・グリア博士が推進されていた UFO 関連の情報の公開活動である「ディスクロージャー・プロジェクト」について、ダンさんも参加されたようですが、これについてお話しいただけますか？

**ダン** はい。2001年にワシントン D.C. のナショナル記者クラブにおいて、記者会見*が開催されました。グリア博士は、議会の公聴会で宣誓証言する20人の証人を、世界の主要メディアの前に連れてきたのです。この20人の背後には、500人以上の軍と情報機関の証人がいました。当日は、私も証人の1人として出席したんですよ。

　このプロジェクトで開示された内容には次のものがあり
ます。①合法的な政府がアクセスを拒否されている証拠、
②違法な USAP（アメリカ合衆国南極プログラム）が何兆
ドルもの利益を得ている、③原子力、石油、石炭の必要性
を失わせるゼロポイント・エネルギーの解決策が抑制され
ている、④反重力船は 1950 年代に開発済み、⑥月の裏側
に基地が存在する、⑦宇宙飛行士たちは月で起きたことを
秘密にすることを宣誓済み、⑧NASA は UFO の画像を隠
蔽している、⑨1989 年以来、57 の異なる ET 種が分類さ
れている、⑩ET 宇宙船は核 ICBM 基地を閉鎖、⑪海から
宇宙船が出現したという海軍のレポートが存在する、⑫
ET たちと協力する将来の偽旗事件の計画、などですね。

**美代子**　反重力船が 1950 年代からあるとか、本来なら世
界中のメディアが一面トップで報道するような衝撃的な内
容ですね。この会見は、どんなふうに世界に配信されたの
でしょうか。

**ダン**　この時、実は予想に反して、大手メディアは簡単な
短い報道に終わったのです。これによって、国民には私た
ち関係者が UFO 情報の現状について議会の公聴会を開き

たかっただけ、のような印象を与えてしまいました。私は、海軍の極秘証人として、またABCの元ニュース記者としての経験もありますが、このような衝撃的な大ニュースに対して、たくさんのカメラやニュースレポーターが揃っていたにもかかわらず、この時のことが世界の常識を変えるほどの一大イベントにならなかったのには驚きました。

**＊ナショナル記者クラブにおける記者会見**

2001年にワシントンD.C.のナショナル記者クラブで行われた「ディスクロージャー・プロジェクト」の記者会見の様子。世界の主要メディアが大勢集まる中、ダンさんも証人の1人として参加。しかし、結果的に予想に反して、メディアの報道の露出は少なかったという。当日、元空軍のマーク・マッキンドリッシュが証言したイラストは、1988年にノートン空軍基地で開催された、最高幹部向けのエイリアン再現車両（ARV）の展示会の様子。＜画像はダン所有資料より＞

*Dan Willis*
—— ダン・ウィリス ——

 # 政府のシステムに侵入した
天才ハッカー、
ゲイリー・マッキノン

**美代子**　大手メディアもコントロールされていますから
ね。そういえば、ダンさんは、天才ハッカー、ゲイリー・
マッキノン\*さんのお話にも詳しいですよね。

**ダン**　はい。2002年にイギリス人のハッカー、ゲイリー・
マッキノンが米国政府のコンピュータ・システムにハッキ
ングすることに成功しました。真実を知りたかった彼は、

**\*ゲイリー・マッキノン**

イギリス人の天才ハッカー。1966年生
まれ。2002年に米国政府のコンピュー
タ・システムにセキュリティの欠陥を
発見し侵入し、数年間にわたってハッ
キング行為を行った。そして、UFO情
報や海軍のソーラー・ワーデンなどの
多くの機密情報を入手。アメリカ側は
彼の身柄引き渡しをイギリスに要求し
ている。＜画像はダン所有資料より＞

アメリカ海軍の秘密宇宙プログラム、「ソーラー・ワーデン*（海軍の太陽系監視艦隊）」についての情報を発見したのです。それらの情報とは、海軍の秘密宇宙計画の実態に関する証拠や、大きな葉巻型の宇宙船の画像、海軍宇宙艦 USS（United States Ship）「ヒレンコエッター」と USS「ルメイ」のリスト、非地球人将校のリストと艦隊間の移動記録についてなどです。しかし、時のブッシュ政権はこれらの極秘宇宙計画が暴露されたことに憤慨し、マッキノンを70年間刑務所に収監すると宣言したのです。

**美代子**　まあ、可哀想ですね。でも、かなり貴重な情報ばかりですね。

＊ソーラー・ワーデン

ゲイリー・マッキノンが発見した海軍のソーラー・ワーデン（太陽系監視艦隊）に関する情報もあった。＜画像はダン所有資料より＞

**ダン** そうなのです。また、イスラエルにおける宇宙計画の責任者をしていたハイム・エシェド教授のことはご存じですか？　彼は、イスラエルの宇宙安全保障プログラムを30年近く率いてきた上級科学者です。彼が2020年に、銀河連合が地球に姿を現すタイミングを待っていることや、米国の地球外生命体との秘密協定について、また、火星にある米国と地球外生命体との共同基地について、さらには、銀河連合がいかに人類を厳しく監視しているか、などを明らかにしたのです。この時、世界中の主要メディアがエシェド教授の暴露を報道しました。他にも、エシェド教授は、トランプ前大統領は地球外生命体の存在を公表する寸前だったものの、人類の技術開発が適切なレベルに達していないため、銀河連合から公表を控えるようにいわれたことも明らかにしたのです。また、人類の技術基盤を加速させるために宇宙軍が創設されたことも語っていましたね。

 # 闇を倒す計画、"ザ・プラン"は密かに進行していた！

**美代子**　そうなのですね！　では、ここで話をアイゼンハワー元大統領のことに少し戻しますね。私の疑問なのですが、彼は、ケネディみたいに暗殺はされませんでしたが、裏切り行為に遭ったこともあり、銀河連合と一緒に闇側を退治する計画を立てられなかったのでしょうか。確か、光側の金星人のヴァリアン・ソーは、3年間ペンタゴンに滞在して、アイゼンハワーにいろいろとアドバイスをしたという話もありますよね。

**ダン**　そうですね。実は、アイゼンハワーや海軍の将校たちも密かに裏で計画はしていたのです。というのも、1940年代から銀河連合はアメリカ海軍と提携していました。その流れで、海軍によるソーラー・ワーデンの宇宙プログラムを秘密裏に開発しており、それが1980年代に完成しました。

**美代子**　そうでしたか！　海軍のソーラー・ワーデンについては、やはり元軍人のウィリアム・トムキンズが告発者たちを紹介する、「プロジェクトキャメロット」のインタビューで詳細に話されていましたね。ウィリアム・トムキ

ンズは、アポロが月に到着すると、ドラコ・レプティリアンが月のクレーターの反対側に巨大な宇宙船を並べていたということ。そして、人類が月に接近をすることに対して警告していたことなどを、月からのライブ映像で彼自身が目撃したことを明らかにしましたね。

**ダン**　彼は貴重な証人でしたね。

**美代子**　本当ですね。よく、光側の計画を「ザ・プラン」とかQとか言いますが、それはケネディ大統領暗殺（1963年）からスタートしたともいわれていますが、実は、アイゼンハワーの時代からはじまっていたのですね！　ソーラー・ワーデンの秘密宇宙プログラムといえば、ダンさんも親しいジャン・シャールズ・モヤンがフランス側の秘密宇宙プログラムにおける司令官ですよね。彼はスーパーソルジャーとしてフランスのソラリス号で活躍した英雄です。彼の生の証言があるので、真実だとわかります。ところで、ジャンさんも参加されていた秘密宇宙プログラムの「20&バック（20年間宇宙勤務をした後、地球に戻るプログラム）」について、何かご存じですか？

**ダン**　そうですね。2000 年以降、このプログラムのために
リクルートされた人物の証言が複数浮上しています。こ
のプログラムは、1980 年代に開始されて以来、極めて高
度な宇宙テクノロジーを利用して行われています。採用
された者は、地球とは別の時間軸で 20 年間の宇宙勤務を
務め、任務が終わると入隊時点の年齢と時間を逆行させ
られ、任務に関する記憶を消されます。そして、地球に
戻ってから 20 年が経過すると、20 年間に及んだ勤務のこ
とを思い出すようになるようです。このプログラムでは、
DNA 周波数をベースに身体を再構築できる高度なホログ
ラフィック医療に基づいたメドベッドが採用されていま
す。

**美代子**　そういえば、ジャンさんはソラリス号で、拉致さ
れた人たちを救出していたようですね。彼は、火星でブ
ラックドラコ・レプティリアンと闘っている最中に、彼ら
の長い尻尾で身体が半分に裂かれそうになったそうです
ね。ジャンさんいわく、クリスタルでできたメドベッドに
入ると、身体が完全に再生したとのことでした。他には、
私がインタビューをしたトニー・ロドリゲス*さんもいま
すね。でも、彼は光側ではなく、闇側に拉致されて 20&

バックを遂行した人ですね。

**ダン**　はい。トニーのことも知っていますよ。彼も英雄ですよね。彼は、ダークフリート（闇の艦隊）側の兵士として火星でインセクトイド（昆虫系種族）と戦い、腕と足を完全に失ったのですが、やはりメドベッドで身体を再生したのですよね。

**＊トニー・ロドリゲス**

10歳の時にETにアブダクションされ、「20アンドバック（20&Back）」というプログラムで地球や宇宙で20年間にわたり奴隷兵士としての壮絶な体験を送る。右はトニーを紹介した本、『隠されてきた光と闇の「秘密宇宙プログラム」のすべて』（ヴォイス刊）。

**美代子**　ええ。トニーさんは、想像を絶するような痛ましい虐待やマインドコントロールなどを体験しいていた人で、月、火星、そして小惑星のセレスにも滞在されていますね。彼のお話は本当に衝撃的でした。

 # 「Q」とは、
# 軍のオペレーションのこと

**美代子**　それにしても、ダンさんのお話から、すでにアイゼンハワー時代から闇側を倒すための準備をしていたことはわかりましたが、ケネディ大統領の暗殺を銀河連合は忠告できなかったのでしょうか。

**ダン**　銀河連合が制定した、いわゆる「宇宙法」とも呼ばれる「プライム・ディレクティブ（プライム指令）」があるので、残念ですが、銀河連合は地球上のことに介入はできないのです。

美代子　そうですか……、残念です。Qについては、いろいろと言われていますが、個人的にはQとは、軍の情報部の人々たちがコミュニケーションを取るためのオペレーションだと信じてきましたが、いかがでしょうか。

ダン　はい、合っています。Qは軍のオペレーションですね。Qは、小児性愛がらみの犯罪などもあれだけ暴露していますし、闇側は彼らを目の敵にしており、Q関連のSNSアカウントは一斉に削除されましたからね。

美代子　はい。私のTwitter（現X）のアカウントも消えました。その後、犯罪者たちの大量逮捕に関する情報は何かありますか？　彼らを収容するキューバのグアンタナモ基地は拡張工事がされましたしね。トランプ前大統領は大統領令を立て続けに出し、バイデン政権になっても彼は延長して大統領令を出していましたよね。これが何を意味するのか、ということでもあるんですけれどね。

ダン　まったく、その通りですね！

美代子　とにかく、ホワイトハットやQをはじめとする多

くの正義感のある方々のおかげで、人類は解放されつつあ
りますね！　感謝しかありません。ところで、ダンさんは
世界中を旅しながら、科学者や発明家\*に実際にお会いに
なっていらっしゃいますが、何か面白いエピソードなどあ
りますか？

---

**\*発明家たち**

ダンが世界中を旅しながら会ってきた発明家や科学者たち。しかし、素
晴らしい発明がなされても、フリー・エネルギーや反重力など、物理法
則に反する発明の承認はなかなか実現しなかった。中には命を落とした
人たちも多い。左下の女性はダンの奥さんのレベッカ。＜画像はダン所
有資料より＞

## 多くの発明家たちが
## 暗殺されているという事実

**ダン**　はい。ブッシュ政権時にディスクロージャー・プロジェクトの公聴会が拒否されたことで、スティーブン・グリア博士は民間部門の科学者や発明家たちを選び、「AERO：Advanced Energy Research Organization（先端エネルギー研究機関）」という会社を設立しました。エネルギーのために、もはや、危険な原子力、石油、石炭を使う必要はないのです。この組織に、私はテクニカルなバックグラウンドがあるので、技術顧問として受け入れられました。この組織での活動を通して、私は10年かけて、地球上の各地を旅して、多くの科学者や発明家と会うことになったのです。

**美代子**　聞くところによると、そんな素晴らしい発明をされた方々なのに、その後、何名も暗殺されたとのことですね。

**ダン**　ええ。残念ながらそうなのです。米国特許庁は、フ

リー・エネルギーや反重力など、既知の物理法則に反する発明に関する出願の承認を保留するシステムを用いてきました。彼らは国家安全保障の名のもとに、5,100以上の発明を世界中の人々がアクセスできないように抑制してきたのです。そして、発明家は脅されたり、殺されたりしています。人類の文明を急速に進化させられるタキオンなどのフリー・エネルギー、反重力の発明などは厳しい弾圧を受けてきました。だから、私たちも数々の新たな発明を世に出すことは断念してきたのです。なぜなら、闇側が完全に排除されるまで無駄であるとわかったからです。

**美代子**　人類の宝のような方々がそんなひどい目に遭うなんて、許し難いです。世紀の天才発明家として知られるニコラ・テスラも同じですよね。現在では、コロナのワクチンによる被害が拡大しています。あれはナチスのホロコーストと同じで、世界中の人々を大量殺人するツールだと最初から気がついていました。

**ダン**　でも、今回のコロナのワクチンの一件で、眠れる人々の多くが目覚めたのではないでしょうか。ワクチンに何が入っていたのか知り、それを解決できないことを知れ

ば、誰でも怒るでしょう。彼らのしたことは悪魔的ですからね。

**美代子**　ワクチンも中にはロット次第では、中身は食塩水だったものもあったようなので、接種した人も落ち込まない方がいいですね。それに、今後はこのワクチン問題に対しても解決方法も出てくるはずです。とにかく、気持ちはいつも明るく持つことが大事です。そういえば、ダンさんのお曽祖父さまは、医療関係者でしたよね。

**ダン**　はい。曽祖父はハーバート・M・ビショップ博士 *（1844 〜 1919）です。彼は1900年代初頭、ロックフェラーの医学に対抗していた「ホメオパシー医学協会」の会長でした。すでに100年以上も前から、製薬業界を支配しているロックフェラー財団に対抗する立場を曽祖父は取っていたわけですね。

**美代子**　ダンさんは、そんな崇高な方のDNAを引き継がれているのですね。やはり健康は、西洋医学に頼りすぎるのではなく、代替療法で維持したいものですよね。

**ダン**　はい、私の母はがんを患っていましたが、代替療法で命が助かったのです。でも、母のがんを治してくれたマックス・ゲルソン博士は栄養学者でしたが、殺されてしまいました。

**美代子**　え!?　そんなことがあったのですか？

**ダン**　はい。私の母ががんになった際、母の主治医は、治療のために母の顔の半分と目を切除しようとしました。そ

＊ハーバート・M・ビショップ

ダンさんの曽祖父にあたる、ホメオパシーの大家で「ホメオパシー医学協会」の会長も務めていたハーバート・M・ビショップ博士。100年以上も前から、製薬業界を支配しているロックフェラー財団とは対抗する立場にあった。＜画像はダン所有資料より＞

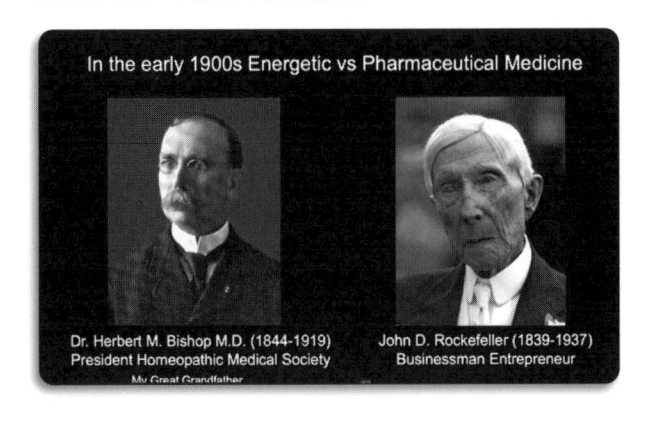

こで私は、主治医の治療法ではなく、代替栄養療法でレベル4のがん患者を治せる医師を探したのです。しかし、アメリカのがん治療で合法なのは放射線か手術か医薬品だけです。そこで私は母をメキシコまで連れて行き、ゲルソン療法による食事療法を受けさせたのです。アメリカ側の主治医からは、「栄養療法をやったら、死にますよ！」とまで言われたのですが、メキシコでの数週間の治療の後、母親の身体を再検査すると、体内にはがんの痕跡はもう見つからなかったのです。つまり、がんは寛解したのです。その後、母は91歳まで完全にがんとは無縁の人生を送ることができたのです。

そして、ゲルソン博士に関してですが、彼の娘のシャーロットさんいわく、博士は一度、ストリキニーネ（猛毒で動物の駆除などに使われる）による中毒にかかったことがあったのですが、それを自分で治せたと言っていました。けれどもその後、再びストリキニーネ中毒に罹り、今度は命を落としたというのです。中毒の性質から見ても、私は、彼は殺されたのだと思います。

**美代子**　そうでしょうね。本当にお気の毒です……。

―― ダン・ウィリス ――

##  クリスタルの持つパワーを 科学的に検証

**美代子** ところで、ダンさんは長年クリスタルの研究をされていますよね。クリスタルに出会われたきっかけから教えていただいてもいいですか。

**ダン** はい。私がクリスタルを科学的に研究することに取り組むようになったのは、自分に起きたある出来事がきっかけです。1977年に、私はクンダリーニが覚醒（尾てい骨に眠る生命エネルギーを頭頂部まで上昇させて精神を解放し、心身のエネルギーを高める）する体験をしました。その際には、両手足にも電流が走るほどの感覚を覚えたのですが、この時、ある存在と交流することになりました。その瞬間、信じられないほどの愛が湧き上がってきたと同時に、あたりの空間に球体が映し出され、マトリックスの幾何学構造が意識とどのような関係にあるのかをテレパシーで教えてもらったのです。それまで、そんなことは何も知らなかった私ですが、その後、そういった情報が科学

的に説明できるものだとわかったのです。美代子さんもご
友人のエレナ・ダナーンさんは、私がコミュニケーション
を取ったこの善良な存在のことを「エマーサー族*」と特
定しました。彼女は、銀河連合のデータベースから、その
存在を描写していますが、彼女は卓越したアーティストで
すね。

**＊エマーサー族**

鯨座タウ星出身。1954年に平和目的で
五種族評議会として地球にやってきて、
さまざまな国家の政府にシカール族に
ついて警告をしていた。下の画像・左
の神聖幾何学はエマーサー族に見せて
もらった神聖幾何学の形＜画像上はエ
レナ提供、下はダン所有資料より＞

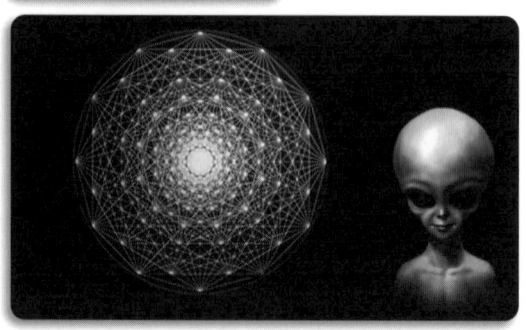

**美代子**　なんと、エマーサー族がダンさんのもとに現れた
のですね！　それは、感動的です！　あと、クリスタルの
研究で有名なマルセル・ヴォーゲル博士＊（1917 ～ 1991）
とのご縁は、いつはじまったのですか？

**ダン**　はい。まず、私の専門は、もともと電子工学と通信
の分野でしたが、実は常々、科学者が現在測定できる範囲
をはるかに超える深遠な基盤があると感じてはいたので
す。そんなことから、クンダリーニ覚醒の体験後に、神聖
幾何学に興味を持つようになりました。そして、神聖幾何
学について学ぶうちに、この地球上で唯一、水晶に代表さ
れる幾何学的形態と意識を科学的に結びつけているマル
セル・ヴォーゲル博士の存在を知ったのです。彼は、か

**＊マルセル・ヴォーゲル博士**

クリスタルの研究者。IBMでシニ
ア科学者として数々の研究開発に
携わる。特許を140以上も所有。
クリスタルのパワーに着目して、
ヴォーゲルワンドというヒーリン
グ用のワンドを創る。ダンも彼の
研究所設立を手伝い、ともにクリ
スタルの研究に勤しんだ。＜画像
はダン所有資料より＞

つて IBM にシニア科学者として勤めていた人で、私たちが PC やカラーテレビで使う液晶ディスプレイの磁気コーティングに関する特許を 140 も持っていたほどの天才です。私は、1980 年代に彼の研究所の設立を手伝い、その時に、研究仲間にならないかと誘われました。彼と初めて会った日、彼はその場にいた医師と私の目の前で、特別にカットされたクリスタルと彼が開発した呼吸テクニックを用いて、ある女性の足にできていた腫瘍を完全に消したのです。

##  メドベッドに搭載される ホログラフィック・カメラ

**美代子**　それは、すごいですね！　ヴォーゲル博士とは、どんなプロジェクトをご一緒されていたのですか？

**ダン**　マルセルと取り組んだプロジェクトの 1 つに、とても興味深いものがありました。それは、あるホログラフィック・カメラを用いれば、時間軸を前後に調整できる

技術であり、これは1955年にフランスの欧州特許庁で特許を取得しています。この時の私の仕事は、投影されたホログラフィック・パターンを写真プレート上ではなく、ディスプレイ上でリアルタイムに見ることができる技術開発をすることでした。実は、この装置の動作原理は、メドベッドにも使われているものであり、メドベッドがホログラフィック・カメラとして機能することは科学的に立証されています。これは、アンドロメダ人のコンタクティであるアレックス・コリエー氏がアンドロメダ人から聞いた内容でもあるのです。

　アンドロメダ人は興味深いことに、メドベッドのことを"ホログラフィック・カメラ"と呼ぶのです。彼らは、私たち人間の身体がホログラフィックであること、そして、私たちは本質的に色、光と音でできていることを理解していたのです。実際にメドベッドが働くメカニズムとは、例えば、ある人の身体の写真を撮ったとしたら、そこから腎臓、肝臓、筋肉、膝、脳、心臓など、その人の身体が最も健康であった時の内臓や器官のスライドを抜き出して、それらを組み合わせて、その人の健康的な身体を創り上げるのです。つまり、新しいホログラムの画像をその人の身体

に重ね合わせるのです。これによって、その人の身体は、新しいパターンに変容するのですね。そして、そのためには、血が1滴あるだけでいいのです。血液は、その人のパターンをホログラフィックに表現するものなので、1滴の血さえあれば、その人のどんな身体の部分でも離れた場所からでも撮影することができるのです。

**美代子**　なるほど！　それがホログラフィック・カメラなのですね。素晴らしい技術ですね。とても興味があります。例えば、私の血液が1滴あれば、私がその場にいなくても、私の身体のパーツが画像になるということ？　それに、私の赤ちゃんの時や20歳の時の姿でさえ今から写真が撮れるということですか？

**ダン**　その通りです。1滴の血液にも、爪の切り傷にも、あなただけの固有のDNAの印が刻み込まれています。つまり、ホログラフィックの中には、あなたのあらゆる部分が含まれていて、また、ホログラフィック・フィールドの中に、調整可能な時間のベクトルがあるのです。ですから、そんなことも可能なのです。

**美代子**　すごいですね！　それで、一番理想的な自分の身体の写真を作るということですね！

**ダン**　はい。その通りです。

**美代子**　メドベッドも月で大量生産されているとエレナさんが確認されていますので、ますます楽しみです。

##  銀河連合とクリスタルの可能性について共同研究

**ダン**　はい。エレナさんからは、2022年に彼女のイベントに招待されて、ディスクロージャーやクリスタルの話をしましょうとお誘いを受けました。その時に、銀河連合の高等司令官であるソー・ハン・エレディオン＊の弟のジェン・ハン・エレディオン＊が惑星の「テラ・フォーミング（惑星を居住可能にする作業やそのプロセス）」を学んでいることを教えてくれました。これを“スター・メーカー”と呼んでいます。彼はクリスタルの科学に詳しいので、私

とエレナが彼にいろいろと質問できると聞いて、とても興奮しました。今では1年半以上も、私たちはジェン・ハンとやりとりを続けています。

**美代子** それは、素晴らしいですね。ダンさんのクリスタルに関する研究がいつの日か、人類の役に立つことでしょうね。その情熱は、やはり過去生などが関係しているのでしょうか。

**ダン** そうみたいですね。実は、ジェン・ハンは人の意識

＊ソー・ハン・エレディオンとジェン・ハン・エレディオン

銀河連合の高等司令官のソー・ハン・エレディオンとその弟、ジェン・ハン・エレディオン。ダンはジェン・ハンと共にクリスタルの持つパワーの研究を続けている。＜画像はエレナ提供＞

Thor Han Eredyon

Jen Han Eredyon

フィールドを読み取れる装置を持っているのですが、人の前世を見ることができるのです。それで、私はアトランティス時代に科学者だったそうで、首都にあるクリスタル・ジェネレーターを操作する施設の担当者であり、かつ、私の専門は医療ホログラフィック科学だったというのです。

**美代子**　すごい！　今の人生とほぼぴったり当たっている感じですね。

**ダン**　そうなんですよ（笑）。ジェン・ハンが共有してくれたクリスタルの情報がマルセル・ヴォーゲル博士の研究室で発見されたことの多くと非常に一致していることにも驚きましたね。そこで、エレナと私は、「クリスタルを使って、惑星のマトリックスにポジティブなタイムラインを作る」というテーマのイベント＊を開催しました。このイベントでは、1,700人のオンライン・ライブ参加者が同時にログインして、エレナのクリスタルを使って、ポジティブなタイムラインのヴィジョンをマトリックスに投影したのです。その瞬間に、「シューマン共振（地球の表面と電離層との間で発生する共鳴現象）」に反応が記録され

ました。また、ジェン・ハンは、この行為が惑星マトリックスにプラスの効果をもたらしたことも確認したのです。

**美代子**　地球の波動に実際に影響を与えられたのですね！私も長年、意識やマインドの力を徹底的に学んできました。マインドや思考の力で現実が創造できることを伝えることがライフワークの１つでもあるのです。でも、クリスタルはまだ使ったことはないので、とても興味深いです。私が学んだ「ラムサの学校」では、現実創造にはクリスタルも何もいらない、としているんですね。意識の力と呼吸法で現実創造はできると教えていました。

**＊ダンさんとエレナのイベント**

「クリスタルを使って、惑星のマトリックスにポジティブなタイムラインを作る」というテーマのイベントをエレナと行い、参加者たちとともにクリスタルを用いて地球の波動を調整した。＜画像はエレナ提供＞

# クリスタルを使って
# 現実創造する方法

**ダン**　はい。確かに、脳波がガンマ線の状態にあるなら、クリスタルがなくても意識だけでそれは可能です。でももし、クリスタルが手に入るならば、クリスタルは非常にパワフルなツールなので使った方がいいでしょう。

　では、ここでクリスタルの使い方をお教えしましょう。まず、自分の現実化したいことをイメージしてください。ヴォーゲル・クリスタル（ヴォーゲル氏が開発したクリスタルで、生命力を最大限に増幅するように設計された特別な幾何学形状の水晶）があればベストですが、お手持ちのクリスタルがあれば手に取り、クリスタルに向かって、短く力強い息を吹きかけましょう。もし、クリスタルがない場合はコップに水を入れて、コップに向かって息を吹きかけてください。その後、その水に感謝して水を飲んでください。

**美代子**　現実化の方法を教えていただき、ありがとうござ

います！　確かに、意識を向けたところにエネルギーは流れますからね。あと、クリスタルは、もし、入手できればヴォーゲルカットのクリスタルがいいのですね。それに、いつも何気なく飲んだり食べたりしている水や食べ物を祝福してからいただくことも大事ですね。

**ダン**　はい、そうですね。

クリスタルに魅せられ、そのマジカルなパワーについて長年研究を続けているダン。願望の現実化のツールにもクリスタルは効果を発揮するとのこと。右はダンが愛用するヴォーゲルカットのクリスタル＜画像はダン提供＞

#  銀河連合と地球アライアンスの協力で迎える未来

**美代子**　それにしても、私たちの地球もいずれ闇の存在たちが退治されて、銀河連合のメンバーに参加することができれば、進んだ宇宙テクノロジーを手にすることができるのですよね。その意味において、ダンさんは、実際にフリー・エネルギーなどの開発や組み立てをされてきた方なので、お話にも現実味があります。すでに、カーテンの向こうにはすべてが揃っているということですね。とても興奮します。エレナさんいわく、未来を見るテクノロジーによると、20年先の地球は平和で緑あふれる美しい世界になっているようですが、そんなことも、身近に感じられますね。子どもたちのためにも、私たちが輝かしい未来の地球＊をイメージしていきたいものです。

**ダン**　おっしゃる通りですね。今、ありがたいことに、2021年以降は銀河連合と地球アライアンスが協力して、これまで地球を奴隷化していたシカールやドラコ・レプティリアンたちを太陽系から排除しました。地球の人々が

この事実を知ったなら、きっと彼らの働きに計り知れない感謝の念を抱くことでしょう。現在、人類に対する情報開示計画が出され、実行に移されています。これから、ディープ・ステートの悪事がさらに暴露され、権力の座から引きずり降ろされるのを私たちは見ることになるでしょう。そして、地球の完全なる解放に向けて前進し、闇の勢力によって人類から遠ざけられてきた宇宙テクノロジーを手にできるようになるのです。

**美代子**　想像を超えるような輝かしい世界の到来ですね！　ダンさん、今日は長い時間、貴重なお話をありがとうございました！　そして、これまでダンさんが行ってきてくださった人類に対する貢献にも心から感謝いたします。

**ダン**　こちらこそ、ありがとうございました。美代子さんの今後のご活躍をますます期待しています。

*Dan Willis*
―――― ダン・ウィリス ――――

**＊輝かしい未来の地球**

「新しい世界をお見せしましょ
う。盲目の方ももうすぐ光を見
るでしょう。美しい勇敢な新世
界が待っています。この旅を
共に歩んでいます。一歩ずつ。
みんなで一緒に行くのです！
Ｑ」＜画像は小山玲惠子提供＞

After the interview

# 美代子の部屋 ②

~対談を終えて~

## 🌹 アメリカのディスクロージャー史の "生き証人" とも呼べるダンさん

　今回、本書を通してダンさんのことを初めて知った人も多いのではないでしょうか。

　ダンさんは、ディスクロージャーに関しては、まさに知る人ぞ知る、業界における重要人物でもあるのです。

　なぜなら、彼は今から半世紀以上も前の1969年からUFOやET関連の情報について、ご自身で独自に真実を追求されてきた方だからです。

　特に、彼のキャリアのバックグラウンドが通信・エン

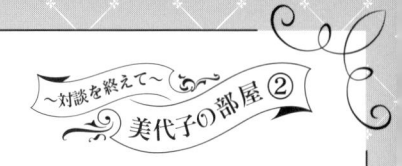

ジニアリングという理系の世界の人なので、ディスク
ロージャー関連の証人や、その人たちからの報告に関し
ては、きちんとサイエンスやテクノロジーの側面からも
その情報を精査して、真偽を確かめられてきた方です。

　だからこそ、ダンさんが語ることは信頼できるのです。
　そんな知的なダンさんとの対話はとても心地よく、ま
た、愛情あふれる人間性豊かなところも、とても好感の
持てる素敵な方でした。

　また、彼は過去に米国ABC放送のニュースキャスター
やラジオ放送技師もされていたことから、主流メディア
が真実を一般大衆にいかに開示しないようにしてきた
か、についても強い関心を寄せてきた人です。
　そして、調査のプロセスにおいて、国家安全保障の名
のもとに不当な影響力が働いていることに気づき、そこ
から彼の真実探究の長い旅がはじまったのです。

　インタビューにもあったように、ダンさんは、2001
年にUFO研究者のスティーブン・グリア博士とワシン
トンD.C.のナショナル記者クラブにおいて、記者会見

に海軍の証人の１人として参加するなど、アメリカにおけるディスクロージャーの歴史に立ち会ってきた人だと言えるでしょう。

##  すでに地球には想像を超える進化したテクノロジーが存在している

　これまでダンさんは、世界中を自分の足で回りながら、フリー・エネルギーなどの発明家・開発者たちに実際に会ってこられました。

　そして、現地でその技術が本物かどうか、その技術がどう世の中で生かせるのか、などについて自ら検証・確認もしている方です。

　ダンさんいわく、すでに、地球上には私たちの想像を超えるような進んだテクノロジーが実際に存在しているとのことです。

　インタビュー中には、ダンさんから世界中の発明家と一緒に撮ったお写真なども何枚か見せていただきました

が、驚くことに、お写真の中に収まっている発明家の方々の多くがすでに亡くなっているのです。

つまり、さまざまな利権の裏で新たな発明は都合が悪いとする闇側から暗殺されてしまった、ということです。

ダンさんが直々にお会いしてきた発明家たちの多くが命を落としてきたことは、許しがたく非常に残念なことです。

それにしても、これまで、発明家たちだけでなく、どれだけ大勢の正義感のある人たちが私たちの知らないところで、人類のために命を落としてきたのでしょうか。

そんな、犠牲になった方のためにも私は真実を伝えるべく、筆を執っているのです。

## 愛とクリスタルで現実を創造

現在のダンさんは、銀河連合高等司令官ソー・ハンの弟のプレアデス星人の科学者のジェン・ハン・エレディオンからクリスタルのテクノロジーを教わりつつ、共同でその開発に尽力しています。

すでにご存じの方もいると思いますが、宇宙船の多くにはクリスタルの技術が実際に使われているのです。

　ジェン・ハンは、現実創造についてダンさんに次のように教えてくれたそうです。

「宇宙は、完璧さを目指しています。だから、意識の密度が高ければ高いほど、完璧さと共鳴するのです。意識的な存在である私たちは、愛を通して進化しますが、愛は生きとし生けるものすべてをつなぐ脈動であり、私たちを低密度から源により近い高密度へと橋渡ししてくれるものです。愛は最高の周波数です」、と。

　さらには、「クリスタルの幾何学的構造は、すべての次元の周波数と共振するため、各次元の架け橋になります。意識的な思考が結晶化されるのは、ヴォイド（無）とつながるクリスタルの中にある特異点が鍵になります。意識的な思考がヴォイドの特異点に刻み込まれると、それが顕在化するのです」、とのこと。

　つまり、「意識が現実を創造する」ということをジェン・ハンは彼なりに科学的に解説してくれたのです。

　必要なのは、「愛」と「クリスタル」であり、愛によっ

て高い意識に到達すれば、完璧な共鳴が起きる、という
ことです。

　インタビュー中にダンさんが教えてくれたように、ク
リスタルの特異点（ヴォイドのポイント）に短くパワフ
ルな息を吹きかける際には、ぜひ、愛の意識を意図して
くださいね。

　また、ホログラフィックカメラのお話もされていまし
たが、病気の身体に健康だった時期の自分の画像を被せ
ると健康な身体に変容できる、というメカニズムも、宇
宙は完璧さを求めているので、そうなることが自然なの
だそうです。

　つまり、私たちは愛にあふれた生活を心がけることで
意識の密度が上がり＝波動が上がり、より完璧さに共鳴
できることから、自分の望む人生を引き寄せられるので
す。

　これぞ、まさにプレアデス人が教えてくれる「引き寄
せの法則」ですね！
　自分が創造主であることを理解すれば、闇側の不安を

煽る情報に惑わされず、自分で望む人生を創造できるのです！

##  人類への特別な贈り物

　現在、私たちも、ヒーリングや癒やしの現場ではクリスタルを用いているので、クリスタルにはパワーがあることを知っていますが、これからダンさんを通して、まだまだ未知なるクリスタルの叡智とパワーが地球にもたらされるはずです。

　先だって、ダンさんは地球を代表するUFOやET、宇宙に関する研究者やコンタクティたちが集合する「GSIC（Galactic Spiritual Informers Connection）」というイベントで、アトランティス時代以来、地球では未だに使われたことがないテクノロジーである、「クリスタルのフリル発電機」を銀河連合の許可を得て、紹介されていました。

　それは、特別にカットされたクリスタルを用いて作成された「フリル・ジェネレーター・クリスタル*」とい

う装置だそうです。

　クリスタルの研究がプレアデスより2万年も進化している銀河間連合の科学者であるウーナが、その装置からフリル（気のエネルギー）が出ていることを確認してくれたとのことです。


　簡単にこの機器の働きを説明するなら、身体の分子構造自体を修正するのではなく、実際に分子間の振動を修正して不協和音を除去することで、身体に癒やしを起こす、とのことです。

　地球で初めて公開されたこの技術こそ、銀河の仲間たちから人類への特別な贈り物です！

　そして、それをこの世界で、実際に具現化できるのがダンさんなのです！

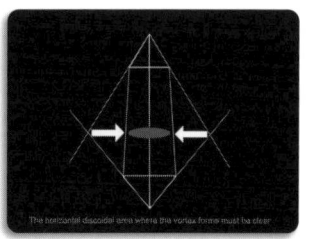

ダンが開発中のフリルジェネレーターの機器。
右はクリスタルの特異点。（画像はダン所有資料から）

##  宇宙の協力でもっと テクノロジーが進化した地球へ

　ダンさんもインタビュー中に、「プライム・ディレクティブ（プライム指令）」という言葉を使っていましたが、通常、銀河では他の星の文明の自然な発展を妨げるような干渉・介入をすることは禁止されています。

　つまり、高度に進化した星がまだ発展途上の星に、その星にとって進化しすぎた技術などを授けることはルール上、許されないのです。

　けれども、ジェン・ハンの兄、ソー・ハンが銀河連合の司令官ということもあり、特別に地球の人々にも銀河の進化した叡智が共有されることを許されたのです。

　私たちの知らないところで、こんなふうに、新しい宇宙時代の未来テクノロジーを手掛けてくださるダンさんには感謝しかありません。

　闇の権力が弱まりつつある今日この頃、もし、近い将来、フリー・エネルギーが解放される日が来るなら、きっ

とそれは、ダンさんとジェン・ハンの銀河を超えたチーム体制の努力が実ったということでもあるのです！

　これからも人類のために日々クリスタルや新しいテクノロジーの研究に励まれている、ダンさんの活躍を見守っていきたいと思います。

　ダンさんは愛の塊のような方でしたが、皆さんも自分と自分を取り巻くすべてのことに愛を込めて生きることで、ますます幸せになってくださいね！

# PART III

## サーシャ・ストーン

*Sacha Stone*

アフリカのジンバブエ・ローデシア出身。故郷では戦争体験をする。元ロック・ミュージシャンでありアーティスト。人権と真実の正義の提唱者。人身売買の調査を続ける「本当の正義のための国際法廷」を主催。また、抑圧された文化的、技術的、歴史的洞察に再び光を当てる活動も行う。自らが攻撃された経験から、有害な 5G 電磁波から身を守るための救済策に焦点を当てた『5G アポカリプス（黙示録）』の映画を制作してサミットも開催し、5G の真実を伝える。現在では、平和活動や教育プログラムを推進、世界中で人権侵害に反対するロビー活動を行い、光側の革新者、科学者、医師を保護するために告発も行う。アメリカ、メキシコ、バリ島などに新しいコミュニティ「ニューアース・サンクチュアリ」を開発中。仲間たちと共にニューアースの創造のためにゼロポイント技術なども推進している。

自らが体験した
5Gという"兵器"の恐ろしさを伝えたい！
国家や政府に頼らない新しい理想郷、
ニューアース・プロジェクトを推進中！

# 🌸 人権問題・世界平和・正義の伝道師、サーシャ

**美代子** サーシャさん、こんにちは！ 初めまして！ 実は私は、以前からサーシャさんの大ファンなんですよ。だから今日は、インタビューをすることができて、とてもうれしいです。今日は、どうぞよろしくお願いいたします。

**サーシャ** 美代子さん、こんにちは！ そう言っていただき、光栄です！ こちらこそ、よろしくお願いいたします。

**美代子** 読者の皆さんに今からご紹介するのは、サーシャ・ストーンさんです。パートⅡのダンさんに続き、サーシャさんのことは、この本を通して初めて知る人が多いのではないでしょうか。まずは、サーシャさんのことを簡単にご紹介しておきますね。サーシャさんは、アフリカのジンバブエ・ローデシア生まれの方です。生まれ故郷では独立戦争が行われていたことから、自らが戦争体験をされた方でもあり、現在は、世界中を回りながら人権・平和

問題に携わっている活動家です。

　また、アーティストでもあり、かつてはロック・ミュージシャンもされていました。さらには、元国連 IGO 事務局長（再生可能エネルギー＆革新技術担当）などをはじめ、世界的な機関や委員会に参画して活躍もされてきた方です。特に、過去数十年にわたって、人身売買の調査を続ける活動や、人権侵害に反対するロビー活動、光側の革命家や科学者、医師たちを保護する活動もされています。他には、有害な 5G から身を守るための救済策なども皆さんに情報を共有されています。現在は、メキシコでゼロポイント技術なども駆使した「ニューアース・サンクチュアリ」という新しいコミュニティ（居住区）を建設中とのことですね。そして、出版社経営や作家、映画制作もされているという、とにかくマルチな分野で活躍されているすごい方なんです！

**サーシャ**　私のことを詳しく紹介いただき、ありがとうございます！

# 5Gの電磁波で アタックされたサーシャ

**美代子** まず、私が何よりも最初にお伺いしたいのは、3年ほど前に話されていた、サーシャさんが攻撃を受けて毒殺されそうになったという件です。この件があまりにも衝撃的だったのですが、なぜ、そのようなことが起きたのかも含めて、詳しくお話しいただけますか？

**サーシャ** はい、わかりました。闇の権力者から、5G（第5世代移動通信システム）のテスト段階の電磁波によって、殺されかけたのです。その事件は、2016年に起きました。国家の司法制度を信頼していない私は、私設の国際法廷＊のシステムを設立して、本当の意味における正義の名のもとで裁かれる裁判の活動を行っていたのです。当時、北ヨーロッパのリトアニアの善良な裁判官、検察官、国会議員たちから国際法廷をリトアニア＊でも開催してほしいと、熱心な勧誘を受けていたのです。リトアニアでは、「大統領がカザリアン・マフィアに国を売っているような腐敗した国になっているので、助けてください！」と

### ＊サーシャが行う国際法廷

国家のもとにある司法制度を信頼していないサーシャは、私設の国際法廷の制度を設立して、本当の正義の名のもとで裁かれる裁判の活動を行う。このシステムは腐敗した司法制度がある国で正義を求める人たちに利用されている。＜画像はサーシャ提供＞

### ＊リトアニアの国会にて

リトアニアの国会に招待されて講演をしたサーシャ。真実を伝える内容だったために、闇側に狙われてしまい、講演後に5Gの電磁波で攻撃されて毒殺されそうになる。＜画像はサーシャ提供＞

いうことでした。私は、そのミッションはやりたくなかったのですが、しぶしぶそれを引き受けることになりました。そして、ついにリトアニアの元防衛大臣からの依頼を受け、招待されて国会で演説を行うことになりました。けれども、元防衛大臣からは、演説をする前日の夜、「あなたのことが問題になっています。だから、演説した後は、身の危険があるので、すぐに姿を消すようにしてください！」と警告を受けていました。なぜなら、私が話す内容は、世界で起きている真実についてだったからです。そして、無事に演説は終えたのですが、そこからノルウェーのオスロのホテルへ移動して、夜中の３時にそれは突然起きたのです。私の活動を阻止しようとする闇の組織に殺されそうになってしまったのです！

　その時の手段は後でわかったことですが、当時、まだテスト段階だった5Gの電磁波（マイクロ波）による生物兵器で攻撃されたことが原因でした。これが、その時の写真です。この時、電磁波によって私の身体のDNAが攻撃を受けて、体内に猛毒が注入されたようです。身体に毒が入り込んだことで私の体調はみるみる悪化していき、そこから死の淵をさまようことになりました。これがその時の写

真＊ですね。身体の皮膚全体が青、赤、黄色と変色して膨れてただれてしまい、まるでカエルのようになっていますよね。

**美代子**　本当ですね。ひどいです！　身体中に毒が回っているのがよくわかりますね。見るのも痛々しいです。

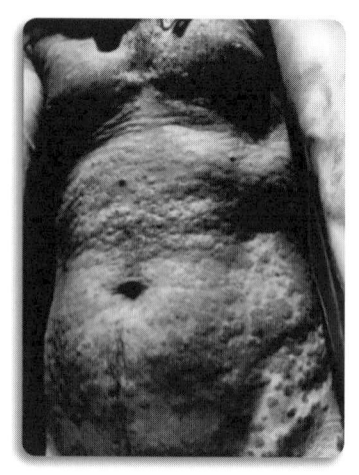

**＊毒に侵されたサーシャの身体**

テスト段階だった5Gの電磁波からの攻撃を受けて、サーシャの身体は毒でただれてカエルの皮膚のようになり、死の淵をさまよう。＜画像はサーシャ提供＞

## 見知らぬネパールの僧侶であるマスターに命を救われる

**サーシャ**　でも、おかげさまで、本当に幸運なことに、その2か月半後に私は死を免れたのです！　なんと、私は会ったこともないネパールのある僧侶であるマスターによる遠隔ヒーリングのおかげで回復することができたのです。

**美代子**　サーシャさんは人徳者ですから、神様に守られているのですね！

**サーシャ**　ありがとうございます。実は、そのマスターがご自身のアシュラムの試写室の前を通りかかった際に、偶然にもその瞬間、映画のスクリーンに映っていた私の顔を見たそうです。すると、そのマスターが「この人は、誰なのですか？」と信者たちに聞いたとのこと。そこで、彼らが「彼は活動家で人道主義者のサーシャ・ストーンという人です」と答えたそうです。すると、マスターは信者たち

に「今、彼の命が非常に危険な状態にあるはずです。もし、彼がまだなんとか生きているなら、すぐにでも私が彼の命を助けましょう。皆さん、なんとかこの人のことを探してください！」とおっしゃったらしいのです。信者たちは、私のことを探すのに2〜3日かかったそうですが、SNSのフェイスブックを通じてバリ島にいる私のスタッフに連絡が入ってきたのです。そして、マスターはある儀式とともに、「遠隔プラズマ・ヒーリング」をしてくださいました。これが、ネパールのマスターによる90分間の遠隔ヒーリングで癒やされた後ですが、先ほどのビフォー＆アフターの写真を見比べてください。この左右の写真の違いは、たったの90分なのです！　わずか90分ですよ！「神の手」や「神の恩寵」はこの世に存在しないと思っている人がいたら間違いです。私の知る限り、本当に私は死の淵から復活できたからです。

**美代子**　素晴らしいですね！　アフターの方は、すっかり身体がデトックスされた肌に戻れているのがよくわかります！　たった、90分でこんなにキレイな肌に戻れたのですね。よかったですね！

**サーシャ**　はい、本当に！

**美代子**　すごいですね！　まるで映画のような展開ですね。それにしても、そのマスター\*はどんな方なのですか？

**サーシャ**　マスターは今年でなんと1123歳になられるお方だと聞いています。信じられますか？　千年以上も生きているのです。私たちの世界にも不死の人がいるのです。

\*毒でカエルのようになったボディ（左のBefore）と
　ヒーリングを受けた後のボディ（右のアフター）

毒でただれてカエルの皮膚のようになっていた痛々しい状態が、マスターから受けた遠隔の90分間のヒーリングの後にすっかり治り、元の身体に戻った。＜画像はサーシャ提供＞

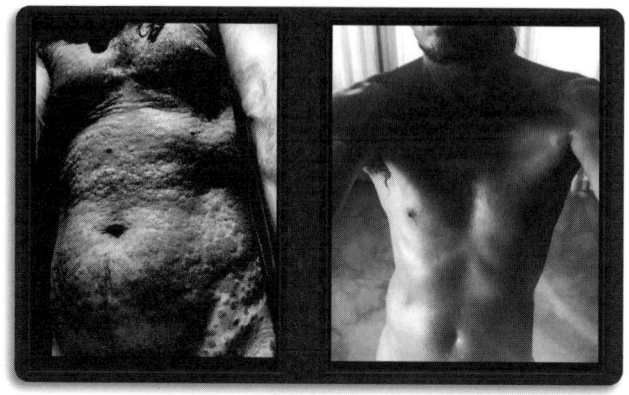

彼は今、ビルマに住んでいるのですが、3〜4年ごとに火の中に立つ儀式をされるそうですが、実際には直接、火に触れることはないそうです。ちなみに火は変容や変化を促すそうですね。彼はそこに集まった人々に祝福を与え、再

＊高僧のマスター

御年1123歳になるというネパールの高僧のマスター。現在はビルマ在住とのこと。90分間の遠隔ヒーリングで瀕死のサーシャを癒やして、すっかり、元の状態に戻すという奇跡を起こした。＜画像はサーシャ提供＞

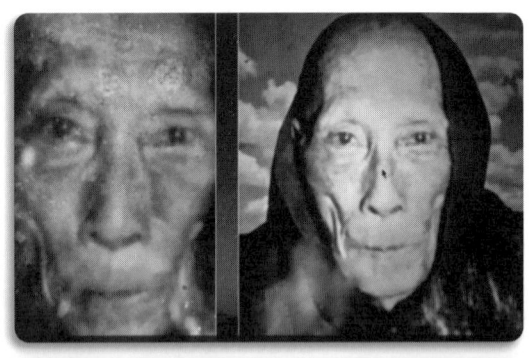

びまた3〜4年間は、瞑想状態に戻るそうです。私は奇跡
を体験したのです！

**美代子**　なんと、そんなすごいマスターがいらっしゃる
のですね！　1123歳なんて、普通なら信じられませんね。
感激です。貴重なお話をありがとうございます。

## ❀ 自らに起きた原因を探るため、 5Gの調査をスタート！

**サーシャ**　こうして無事に回復できた私は、そこから、自
分にあの時、いったい何が起きたのかを理解したくて、自
分なりにリサーチをはじめたのです。それは、明らかに
目には見えない"生物兵器"によるものだということはわ
かっていました。そこで、兵器専門家として知られている
マーク・スティールや、その他の業界のエキスパートたち
に会い、そこで知り得たことを、映画『5Gアポカリプス
（5Gの黙示録*）』として制作し、ロンドンで大きなサミッ
ト*も開催しました。しかし、闇の権力者たちは、そんな

### ＊映画『5G アポカリプス（5G の黙示録）』

サーシャが制作した映画『5G アポカリプス（5G の黙示録*）』。自らが
5G の電磁波の犠牲者となったために、5G について専門家たちを取材し、
その恐ろしさを映画の作品にして人々に警告した。＜画像はサーシャ提
供＞

### ＊ 5G のサミット開催

映画の完成を受けて、「5G アポカリプス・クライシス・サミット」をロ
ンドンで開催し、さらに多くの人々に 5G の真実の情報を広めようとした
サーシャ。公式のシナリオと違う情報を流布するサーシャの行動に対し、
やはり、闇側からは再び目をつけられてしまう。＜画像はサーシャ提供＞

私の行動が気に入らなかったようです。彼らは、自分たちが定めたシナリオに反することを行う者を嫌いますからね。

**美代子** はい、その通りですね。それにしても、5Gが人体に影響があったり、健康被害があったりすることはすでに多くの人も知っていますが、こんなにひどい被害に遭われたとは！

**サーシャ** ええ、そうなのです。実際には、現在、すでにスマートフォンなどで一般に広く普及している通信システム、いわゆる5Gの電波は、本来なら通信手段とは何の関係もないものなのです。10年前と比べると、携帯電話の通信システムは最悪になっていますよ。今週も自分の講演ツアーのために、英国で車を運転していましたが、運転していた距離の半分くらいは電波がつながりませんでした。5Gが通信プロトコルというのは公式なシナリオですが、本当は兵器システムで、政府が展開する戦場で使われるテクノロジーの1つなのです。こういった5Gなどの導入も政府が決定しているわけですが、政府だって、実は"政府を装った民間企業"ですからね。つまり、一国の政府でさ

え民間企業であり、銀行みたいなものです。政府という仮面を被ったマフィアのような犯罪集団と言っても過言ではないくらいですね。それが今の時代における各国の政府の状況です。実際には、政府という概念や仕組みはごく近年にできたもので、数百年前には存在しなかったものですからね。

**美代子**　そうですよね。日本の政府だって同じような状況です。5G と言えば、私が YouTube をはじめたきっかけが 5G なんです。5G のタワーの工事をしている人が 5G は非常に健康に悪いという意見を述べている動画に字幕をつけてアップしたら、わりとすぐに 10 万回以上も再生されたので驚いていたのですが、その動画は数日で警告され、その後、削除されてしまいました。この時、いかに、5G とは闇側が人々に隠したい内容なのか、ということがわかりました。でも、それを機に私は、さらに熱心に YouTube をはじめたんですけれどね。

**サーシャ**　そうだったのですね！　私は自分の身体が毒に侵され、どんどん歪み、醜く変化していく様子を自分の目で確認し、その恐ろしさを体験しました。電磁波による兵

器は恐ろしいです。でも、遠隔ヒーリングを受けている時に感じたのは、純粋な愛の周波数でした。ヒーリングを受けている最中は、精神的な高揚感を覚えて、愛に包まれていました。

## ❋ "愛の波動" と "悪魔の波動"

**美代子**　愛と祈りの周波数が奇跡を起こしたのですね。

**サーシャ**　はい、そうです。人間のハートが完全に活性化されると、宇宙で最も長い波形の波が発生するのですが、これこそが、まさに "愛の波動" でもあるのです。反対に、5Gの電波は、"悪魔の波動" と言えるでしょう。すべてを破壊し、人間だけでなく生きているものすべての細胞や生理学的な働きに破壊をもたらします。

　一方で、人の活性化されたハートから出てくる共感性にあふれた愛の波は、宇宙以外でも、最も長い波形になりますが、これが、いわゆるテレパシーとして機能するので

す。例えば、私たちが誰かのことを思い、その人のことを感じようとすると、今、その人が何を考えているのかなどがわかりますね。このように、私たちはこの愛の波動をすでに使っているのです。私たちがもっと集合意識でこれを用いれば、愛の波は広がっていくでしょう。

**美代子**　そうですね。特に、闇側であるカバールが完全に倒れたら、皆はもっと自分たちの愛の力に気づくことができるでしょうね。

**サーシャ**　その通りだと思います。愛のパワーをもっと皆、感じられる世界になれればいいですね。かつて私は音楽をやっていたのですが、私の生き方の根底には、愛を伝えるロックンロールの精神があったんです。でも、レコード会社から大きな契約のオファーが来た時に、この契約が私を"悪魔の王国"に連れて行ってしまうことに気づいたのです。だから私は、音楽の道に進むことはあきらめたのです。ハリウッドのキラキラしたグラマラスな世界へ行くことは止めたのです。

**美代子**　そうでしたか……。何しろ、ハリウッドこそ、カ

バールのエンターテイメント部門ですからね。

## ✿ 世界を旅して、真実を自分の目で確かめる

**サーシャ**　はい。そこから、私はモロッコに行き、モロッコの王室一家とのご縁を得て、彼らと共に王家に滞在し、彼らの保護を受けながら、北アフリカで音楽活動を続けることにしました。幾つかお写真をお見せしますが、これはルーマニアのブカレストの私のオフィスにいらっしゃった中国の皇帝の血を引く女性です。そしてこちらは、私が中東や北アフリカを訪問していた時の旅のスナップ写真ですね。このような感じで、私は何年間も旅を続けて、さまざまな人たちと会ってきました。中には、一国の王様や女王様、首相や大使、司教や大統領たちとも数多くプライベートで会う機会にも恵まれました。時には、あえて中東に住んで現地の宗教指導者、政治指導者、テロリストの指導者たちの所にも直接、会いに行きました。やはり、私は彼らの本当の姿を自分の目で見て学びたかったのです。世界中

から敵とされている彼らの本当の意図は何なのか、世界中の大手メディアが伝えていることは正しいのか、それとも、やはり嘘であり、フェイク・ニュースなのか。それらを自分自身で確かめたかったのです。

**美代子**　その姿勢は素晴らしいですね！　ところで、日本が参加していた「宇宙プログラム」のことをご存じだそうですね。これについてのお話をお願いします。

# 日本が参加した 「宇宙プログラム」の真実

**サーシャ**　はい。では、この画像を見てください（スクリーン上に画像を出す）。私の右にいる男性は、NASAの科学者の宇宙飛行士で火星ミッションのリーダーだったブライアン・オリアリー博士です。彼が私に日本が参加していた宇宙プログラムについて教えてくれたのです。当時、日本はNASAと協力して土星でのミッションを行っていました。彼らは土星に探査装置を送り、そこからのラ

イブ映像を見ていた際に、土星の輪の中にエイリアンの宇宙船がいることを発見しました。その宇宙船は、土星の輪の中で鉱物を採掘していたのですが、その映像が映し出されていることがわかったのです。それは、全長 200 マイル（320 キロメートル）もあるエイリアンの大型船だったそうです。

　この時、この事実（エイリアンの宇宙船が土星の輪に停泊していたこと）を日本側は世界に伝えようとしたのですが、当然ながら、それは最高クラスの軍事的な機密情報になるので、アメリカ側はこれを許しませんでした。でも、日本は真実を公開したかったので納得しませんでした。となると、アメリカ側ならではの "いじめのやり方" がありますね。そして、そんな日本が罰せられるかのように、2011 年に 3.11 が起きたのです。あの時、フクシマで何が起こったかを思い出してください。あれは、日本に対して配備された地震兵器システムによって起こされたものです。さらに、彼らは日本経済も崩壊させましたね。私はワシントン D.C. やヨーロッパのディープステートがこの時の一件とつながっているのを知っています。こうして日本は、被害者となりました。

**美代子**　はい。3.11、そしてフクシマがどのようにして起きたのか、私も知っています。でも、ナチスが作ったNASAと日本の宇宙軍が協力し合ったというのもちょっと不思議なのですが、どうでしょうか？

**サーシャ**　はい。その頃の日本は、まだ景気も良くて、日本にはたくさんのお金がありました。そこで、アメリカ側は日本のお金を搾取して使っていたので、土星へのミッションの資金を援助させるという名目で、日本側に宇宙プログラムへの参加を招待したというわけなんです。

**美代子**　なるほど。どちらにしても、彼らの言うことを聞こうとしなかったことで、日本が攻撃されたのですね。あんなに大勢の尊い命を奪って許し難いです。そして、アメリカから「トモダチ作戦」を展開されるのも、どうでしょうか、という感じですね。

**サーシャ**　はい。いわゆるマッチポンプの関係ですね。

# パリ・オリンピックで 毒が撒かれる予定だった!?

**美代子**　ところで、ここで少し話題が変わりますが、今、パリ・オリンピックの最中ですが（取材は8月2日）、セーヌ川で選手が泳いでいる映像をテレビで偶然見て、水が汚れているので驚いたのですが、今年の2月にサーシャさんがセーヌ川と「疫病X」についてお話をされていましたね。ぜひ、その話をお願いします。

**サーシャ**　はい、わかりました。この画像を見てください（スクリーンに画像を出す）。この写真の右側にいるのが、カトリック教のある枢機卿です。一応、彼の顔ははっきりとは画像では見せていませんし、彼の名前も明らかにできません。なぜなら、彼は今のところ、まだ生命維持装置につながれているからです。今後、彼が亡くなったという知らせを受けるまで、私は彼の名前を出すことはできないのです。実は、この彼こそが私に次のような情報をくれた人なのです。

**美代子**　その方がサーシャさんに情報をリークしてくれたのですね。そして今、命の危険にさらされてしまっているのですね。

**サーシャ**　はい、そうです。昨年12月に、彼が私に電話で次のようなことを教えてくれました。それは、「2024年の夏にパリで開催されるオリンピックにおいて、期間中、セーヌ川が競技にも使われることになる。そこで、オリンピック時にはセーヌ川の水中に病原性ウイルスやパパ型病原性株を放出する。川で泳ぐことになる選手たちは、病原菌で汚染されてしまう。そして、そんな彼らがオリンピック終了後に各々の国に帰国するときに、病原菌も一緒に国に持ち帰り、一気に広まることになる。だから、この危険性を世界に伝えてほしい！」、ということでした。さらに、「これはバチカン内のイエズス会の一味が計画している」とも付け加えていました。

　そこで、私は俳優のスコット・マッケイがホスト役を務めるラジオ番組に出演し、パリ・オリンピックで何が起きようとしているのかを話したのです。すると、その日のうちに、米軍とインターポールから私にコンタクトがあり、

彼らは、その当日のうちに私と話したいと言ってきました。彼らは「これは深刻な問題であり、できる限りの対策をする」と言いました。彼らは私の情報を真摯に受け止めてくれたのです。インターポールや米軍の中にも、人類を攻撃する「疫病X」が計画されていることを真剣に捉えてくれる人たちがいたのです。

**美代子**　そうですね。そして、バチカンにも正義感のある枢機卿がいらっしゃったことにも、感謝ですね。つまり、その情報には真実味があるということですよね。結局、実際に病原菌はセーヌ川に放出されてしまったのですか？

**サーシャ**　それは、私にはわかりません。でも、オリンピック関連のニュースの中には、セーヌ川で泳いだ選手ですでに体調を崩している人がいるという報告もありますよね。今後、この件がどうなるかは注目していきたいですね。

**美代子**　そうですね。ちなみに、この計画が未然に防げたのかどうか、サーシャさんにコンタクトされてきた人たちに聞くことはできないのですか？

サーシャ　国の諜報機関は、一般市民とそのような連携を取るようなことはしません。私は誰と話したか知っていますが、ここで、彼らを危険にさらすつもりはありません。彼らに、これが可能性のあるシナリオであることを理解し、対策をとっていただくことで十分です。もちろん、個人的にも、こんなことは絶対に起きてほしくはないですけれどね。

##  ルーマニアの地下の エイリアン基地とピラミッド

美代子　本当にそうですね。私たちは舞台裏で実際に何が起こっているのかを知ることができないですね。ホワイトハットでさえ、彼らが実際に何をしているのか本当のことは明らかにしませんから。

サーシャ　はい。基本的に、彼らは私たちに何も教えてくれません。では、ここで別の例を挙げましょうか。この画

像ですが（スクリーンに画像を出す）、これは数か月前の
ルーマニアで撮った写真です。左側にいるのは、ルーマニ
アの私の軍事パートナーですが、彼は5つ星の軍の将軍で
す。これはブチェジ山脈のすぐ近くです。私たちはこの
時、この地下の洞窟にあるエイリアンの基地＊に入ろうと
していたのですが、もちろん、入れませんでした。この地
下基地は、20年前の2004年に発見されたのですが、ここ
は宇宙人のテクノロジーで造られたことがわかります。基
地内にはピラミッドがあるのですが、高さが250メートル
もあり、エジプトにあるピラミッドよりもはるかに高いの
です。また、ここからすべての大陸につながる地下のトン
ネルシステムもあります。高速の量子で動く交通システム
があるようです。この基地は、当然ですが米軍の特殊部隊
であるデルタフォースが発見後すぐに飛んできて、この基
地を管理し支配しています。

**美代子**　ルーマニアのトランシルバニア・アルプス山脈の
ブチェジ山ですね。銀河連合関係者からその話は少し聞い
ています。

**サーシャ**　すでに20年前に発見されたエイリアンの基地

## ＊ルーマニアの地下にあるエイリアンの基地とピラミッド

ルーマニアのブチェジ山脈の地下にあるエイリアンの基地。そこにはエジプトのピラミッドより高いピラミッドも存在しているという。＜画像はサーシャ提供＞

ですが、こういった情報は学術界や一般大衆へオープンにされることはありません。いつも通り、軍の一握りの人たちに支配されています。でも、きちんとすでに証拠はあるのです。

# ✿ 巨人族は存在していた

**サーシャ**　また、地球にはかつて巨人族\*が存在していたという法医学的な証拠もたくさんあります。これは事実であり、世界各地からこの証拠が見つかっています。どれほどまでに私たちの政府が私たちに真実を隠し、裏で操作をしてきたのか、ということなのです。実際には、私たちには知られざる古代文明が存在していて、また、失われた文明もあり、それらを証明する証拠が、私たちの周囲にはたくさん遺されているのです。ところが、バチカンの陰謀、ヨーロッパの王族たち、そして、悪魔主義を信奉する政府たちが、人類をコントロールし、教育を、メディアを、経済を、エンターテイメントをはじめとする私たちの世界すべてをコントロールしてきたのです。けれども今、人類は

## ＊巨人族

古代から約150年前頃までには世界各地に巨人族が生息し、人間たちと共存した社会が形成されていたといわれているが、その歴史的事実はなかったことにされている。しかし、数々の証拠が残っている。＜画像はサーシャ提供＞

真実がどれだけ隠されてきたかに気づきはじめています。本来なら私たちは、信じられないほどマジカルな地球の歴史を振り返ることができたはずなのです。

**美代子** 巨人族は、どのあたりに生息していて、どのようにいなくなったのですか？

**サーシャ** 150年くらい前には、世界中の国に至る所にいたのですよ。でも、彼らは遺伝学的にプログラムされてしまい、種を消されたのです。これは、3億3千万年以上前に発見された本です。1冊の本がすべてを変えました。私たちは、私たちの世界について知っていると思っていますが、それはすべて間違いです。例えば、この歯（P.180左下の写真）は、バスケットボールの大きさくらいありますね。あらゆる文化圏で、巨人がいたという法医学的な証拠、地質学的な証拠、人類学的な証拠があります。絵画にも描かれています。

**美代子** これは、そんなに昔の話ではないですよね。

**サーシャ** はい。巨人族は、500年前には大勢存在してい

て、5,000年前にはもっと大勢いて、背丈ももっと高かったのです。人類は、そんな彼らとずっと交流してきたのです。それに、東洋には大きなドラゴンに関する神話や伝説なども数多くありますよね。それらもやはり、真実なのです。でも、そういったことのすべてが、銀行や政府を支配する金融資本家たちによって、排除されてしまいました。「ダーウィンの進化論」で有名なチャールズ・ダーウィンはフリーメイソンのメンバーでもあった人ですが、彼が人類の真の歴史を完全に破壊してしまいました。

**美代子**　タルタリア帝国＊の話もどこにも書かれていませんものね。ロシアのプーチン大統領＊がその地図を公開したのですよね。いかに世界の歴史が嘘だらけかわかりますね。

**サーシャ**　はい、そうです。その地図は2013年に公開されました。それで、プーチンはカバールに嫌われているのです。

### ＊タルタリア帝国

13世紀から19世紀初頭まで存在していたというタルタリア帝国。その規模もユーラシア大陸の北からシベリア、中央アジア全域、インドやウラル山脈、小アジア半島、東は満州から朝鮮半島、千島列島、西は北アメリカ大陸とブラジル・ペルー周辺の南アメリカ大陸の一部までの巨大な国家だったといわれている。タルタリアでは高度な文明が展開されており、フリーエネルギーなども実用化されていたという。＜画像はサーシャ提供＞

### ＊プーチン大統領がタルタリアの地図を公開

ロシアのプーチン大統領が2013年にタルタリア帝国の地図を公開した。タルタリア帝国の資料の中にも巨人族と人間との交流が撮影された写真なども多く発見されている。＜画像はサーシャ提供＞

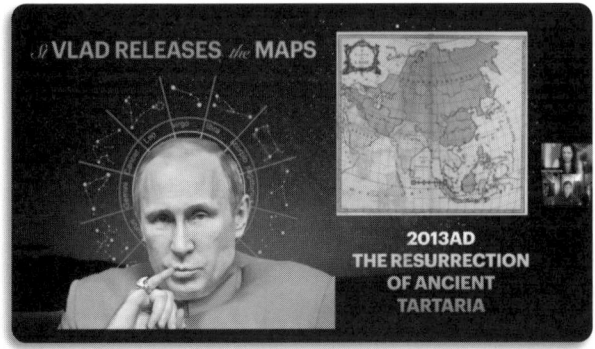

# トランプ前大統領の 暗殺未遂の真実

**美代子**　そういえば、先日（取材収録時は 8 月 2 日）、トランプさんがアメリカのペンシルベニアで行われた共和党の政治集会での演説中に暗殺されそうになった事件（2024年 7 月 13 日）がありましたね。これについて、どう思われますか？

**サーシャ**　これは、まるで 1 つの演劇というか、"ショー"のように演出された事件だったと思いますね。いわば、政治的な救世主であるメシア＝トランプの帰還を準備し、彼を時代のヒーローとするイメージを醸成するための一件のように思えました。ちなみに、私はトランプ家の家族とは知り合いなんです。25 年以上前になりますが、トランプ家の人とも一緒に暮らしたことがあるんですよ。

**美代子**　そうなんですね！　とにかく、あの暗殺事件に関しては、私は、彼が本当に銃撃されそうになった、というのも真実ではないと思います。というのも、その瞬間の周

囲の反応を動画などで見ていると、トランプさんが銃撃された瞬間には、彼らはほとんど反応していないんですよね。

**サーシャ**　そうですね。とにかく、この事件も大手メディアが一斉に報道しましたが、私は基本的に主流派のシナリオから出るものは何も信じないのです。なぜなら、それらはすべて真実ではないからです。彼らのすべてが嘘をついているとまでは言いませんけれど。トランプ自身もこの件に一枚噛んでいる可能性はあると思いますよ。なぜなら、彼らはこれが世界的に大きな化学変化をもたらすことができる手っ取り早い方法だと理解しているからです。

**美代子**　そうですね。まだまだ眠れる人が多いですからね。

# サーシャが創る 「ニューアース・プロジェクト」とは

**美代子** ところで、最後に、サーシャさんが関わっていらっしゃる「ニューアース・プロジェクト*」のお話をお願いします。

**サーシャ** はい、わかりました。今、私たちは、アメリカのテネシー州に「マイクロ国家サテライト」と呼ばれる施設を設立しているところです。その定められた土地から、連邦政府との契約やバチカンとの契約をすべて取り払って、土地をきれいにし、その土地を一旦、ネイティブ・アメリカンに返し、再び、彼らがそれを私たちに返してくれる、というものです。すべての食料を温室で問題なく栽培し、大気や地面からコストをかけずに水を引き出せるシステムも完備しています。

**美代子** アメリカだけでなく、バリ島やメキシコにも同様のプロジェクトがあるのですね？ 他に何か新たな計画はありますか？

#### ＊ニューアース・プロジェクト

サーシャが展開する世界各地のニューアース・プロジェクト。アメリカのテネシー州、メキシコやバリ島などに施設を建設。アメリカでは連邦政府から独立した土地の上に新たなコミュニティを創造中。バイオ建設で建てられ、自然の力を住空間に取り入れている。＜画像はサーシャ提供＞

**サーシャ** 　はい、今のところ、来年はメキシコのプロジェクトとアメリカのテネシー州のプロジェクトに集中していく予定です。

**美代子** 　私たちも、バリ島への移住など可能なのですか？

**サーシャ** 　バリ島に関しては、美しいコミュニティ・ホールなどがあるだけで、住居はないのです。ちなみに、すべての建造物がバイオ建築で建てられています。自然の力を取り入れて、建物内のプラズマ（荷電粒子）を活性化することで、住居内の暮らしは各段に心地良くなるのですよ。私たちの先進的なバイオ建築は、ある意味において世界をリードしていると思います。これ（P.187の写真）はメキシコのプロジェクトですが、世界で最も美しい場所にあります。もちろん、日本からのお客様も大歓迎です。居住ビザや建築の手配もいたしますよ。私はデザイナーでもあるので、こんなことも研究してきました。これは古代タルタリアで行われていたように、プラズマを充電して使うのです。古代のピラミッドのように宇宙の生命力を利用し、それを建築物に取り入れる技術を理解しているのです。この

方法で、人間が何百年も生きられるような環境を作り、身体に光と光の力を送り込むのです。今、人々は都市のマンションで暮らしていますが、健康に悪いですよ。私たちはこの新しい地球をメキシコに、テネシーに、南アフリカに建設しようとしています。

**美代子**　そのような素敵な場所に移住するのにはお金がかかりませんか。

**サーシャ**　そうですね。一見、高価に見えるかもしれませんが、芸術と美、そして意識の向上のためには、お金は関係ないと思うのです。このプロジェクトに参加する人々が、時間やお金や恐れに焦点を当てるのではなく、芸術や美や意識に焦点を当てる必要があることに気づいたとき、すべてが変わるのではないでしょうか。バリ島にあるのは、コミュニティが集まる会場なので、そこではセレモニーやフェスティバルが行われて、何千人もの人々がやってきて、このムーブメントを盛り上げてくれていますよ。

**美代子**　素晴らしいですね！　サーシャさんは、すべての夢を叶えていますね。

**サーシャ**　私の夢はこんなものでなく、もっと大きいです（笑）。

**美代子**　斬新なプロジェクトばかり行われていますが、そういったアイディアのビジョンが見えるのですか？　それとも、内なる気づきですか？

**サーシャ**　内なる気づきからですね。プロジェクトの青写真は、すべて完全なる領域からやってきます。そう、私たちは、すでに高次元で存在しているものを顕しているだけなのです。

**美代子**　つまり、気づいたり、イメージしたりした時点でそのことは存在しているのですよね。さて、そろそろ時間になりましたが、最後に、読者に向けてメッセージをいただけますか。

**サーシャ**　はい。人間とはどんなに美しかろうが、醜かろうが、お金持ちであろうが、貧乏であろうが、善人・悪人であろうが、そんなことはどうでもいいのです。誰もがそ

の人だけのストーリーを持っているはずです。だから、映画やテレビ、動画などで聞いたり見たりした物語を語るのではなく、あなただけの物語を皆で語り合ってほしいのです。それが、"悪魔の王国"の介入を排除する方法になるのですから。

**美代子**　その通りですね。サーシャさんも、自らそのような意識で平和活動を世界中でされてきたのですね。今日は美しい未来がイメージできる貴重なお話をありがとうございました。

**サーシャ**　こちらこそ、ありがとうございました！　今日は、お話しできて楽しかったです。ぜひ、次回はバリ島にいらしたら、我が家にお泊まりくださいね。

**美代子**　ぜひぜひ！　また会える日を楽しみにしています！

## After the interview

# 美代子の部屋 ③

## ～対談を終えて～

### 私たちは日常生活の中で
### 毒にさらされている

　まるで、ロックンローラーのようにカッコいいサーシャさん。

　一度は、闇の手先に毒殺されそうになり、危険な目に遭ったことがあるとはいえ、今ではすっかりイキイキと元気に世界中を飛び回っているその姿は、見ていてとてもすがすがしいです。

　かねてより、国家や政府を信頼せず、独立した個人として生きているサーシャさんは、数々の活動をされてい

ますが、中でも地球の自然環境に寄り添い、自然の持つ力を利用したニューアース・プロジェクトに今は力を入れていらっしゃいます。

そんなサーシャさんですが、私同様に人々が闇側から"日々、毒されている"ことを憂慮されていました。

毒されている、というのは比喩ではなく、私たちの身体が実際に"毒にさらされている"、ということです。

## 地球の気象や自然が操作される 「ジオ・エンジニアリング」

そこで、すでにご存じの方も多いと思いますが、少し「ジオ・エンジニアリング（地球工学・気候工学）」について述べておきたいと思います。

ジオ・エンジニアリングという言葉の解釈にもいろいろな意味がありますが、ここで言うジオ・エンジニアリングとは、地球の気象や自然が人工的に操作される、ということを意味します。

このジオ・エンジニアリングについて告発した2人の勇気ある人をご紹介します。

## ① バイオ環境エンジニアの
## 　クリスティン・ミーガンのケース

　クリスティン・ミーガンはバイオ環境エンジニアとして、米空軍基地で9年間働いていました。

　2000年当時、彼女はケムトレイル（飛行機で有害な化学物質などが散布されること）の噂について聞いていたこともあり、自分で大気と土壌のサンプリングを行ってみたのです。

　するとその結果、高濃度の汚染物質が検出されたので、指揮官に質問したのです。

　ところが、彼は「君はどこか具合が悪いのか？　最近、落ち込んでいるように見えるけれど。最長120日間、精神鑑定にかけることもできるんだぞ！　そうしたら、誰が君の娘の面倒を見るのかね？」と彼女に言ったのです。

　彼女はシングルマザーだったので、自分が脅されていることを理解しました。

　彼女はこれまで、職場で人々の健康を守るための職務に就いていたと思っていたのに、それどころか、逆に毒を撒いていることに気づいたのです。

　また、彼女は、ジオ・エンジニアリングがずっと前から行われていて、税金がこの資金源となっていたことも知ることになったのです。

## ② 元 FBI のテッド・ガーダソンのケース

　テッドは FBI のロサンゼルスの支局長でした。

　彼は、2011 年にヒソ中毒で亡くなるまで、ケムトレイルについての情報を世の中に暴露し続けていた人です。

　だからでしょうか、彼は闇側に暗殺されてしまったようです。

　テッドは、「ケムトレイルがアメリカ、イギリス、スコットランド、アイルランド、北ヨーロッパで撒かれています。鳥も魚も大量に死んでいて、大量虐殺が行われています。実は、なんと、これらを実施しているのは国

連なのです。このままでは、大変な事態になります。私
は、アメリカのネブラスカ州からケムトレイルの飛行機
が飛び立つのを目撃もしました。これは、人類への犯罪
です。なぜ、議員たちやパイロットたちは、これについ
て何の対応もしないのでしょうか?」と語っていました。

##  おすすめのデトックス方法

ケムトレイルについては、日本でも各地でずっと撒か
れてきたので、すでにこのことを知っている人も多いと
思います。

だから、たとえワクチンを接種していない人だとして
も、体内にはナノ分子の酸化グラフェン、アルミニウム、
水銀、バリウム、ストロンチウムなどがさまざまな手段
で取り入れられており、それらが身体に蓄積している恐
れもあるのです。

また、水道水や歯磨き粉にもフッ素が入っていたり、
除草剤に入っていたりするグリホサートも有毒物質で

す。

　これからは、健康維持のためには、身体のデトックスを行うことが最も重要になってくるでしょう。

　デトックスの方法としては、ご自身に合うものを行うことがベストですが、私は個人的にはお水は、水素イオンを多く含む「創生水」に、ミネラル、ゼオライトや活性炭を使ったウォーターサーバーを使っています。

　他にも、海洋性フルボ酸や体調を崩したときのために、イベルメクチンも常備しています。

　サプリメントのNACやメディカルアロマも活用していますが、後は、できるだけ無農薬の野菜やお米、平飼い卵、安全なお肉（肉は少な目で）、保存料や添加物を使用していない食品を選ぶようにしています。

　そして何より、お食事をいただく際には、目の前のお料理に感謝をしていただいています。

　また、なるべく笑顔で、いつも楽しく過ごすことも大事ですね。

　そんなことも、心と身体のデトックスにつながるもの

なのです。

##  トランプさんの暗殺未遂についての私の考察

　さて、インタビューの中にもありましたが、ここでもう少し詳しく、トランプさんの暗殺未遂事件について述べておきたいと思います。

　トランプさんは、米軍将校や地上アライアンスと共にすでに闇側を倒しています。
　そして、実質的には2020年の不正選挙の時点から米軍がアメリカを支配し、彼はその総司令官になっていると私は認識しているので、彼がカバール側にあのような愚かな形で暗殺されるはずがないのです。

　とにかく、あの事件については、すべてが不自然だったので、銃弾は彼に当たっていないと瞬時に気づきました。
　また、その後すぐにご自身が「ファイト、ファイト、ファ

イト！*」と立ち上がって言うなんて、まだ、狙撃犯が他にも潜んでいる可能性もあるのに、そんなアクションはちょっとわざとらしいのかなと思いました。

とはいえ、事件自体がフェイクだったとしても、実際には１人の人が犠牲になった事件でもありました。

そこの部分が引っ掛かっていたのですが、よくよく調べていくと、トランプさんの後ろにいた人たちは、「クライシス・アクター*」と呼ばれる人たちだったようです。

**＊ファイト、ファイト、ファイト！**

暗殺未遂事件の直後、SPたちに抱えられながら「ファイト、ファイト、ファイト！」とこぶしを上げたトランプ氏の姿の映像・画像は世界中に配信されて話題になる。＜画像は「PBS Nes Hour Channel より＞

そう言われてみると、腑に落ちます。

というのも、当日、その現場にはトランプさんの2016年の選挙演説にほとんど参加していた有名なヴィンセント・フスカ*さんという人がいたのです。

トランプさんが倒れたその瞬間に、彼はまったく焦っていませんでした。

それは、すぐ自分の目の前にいるトランプさんが銃弾を受けて倒れた時の反応ではなかったのです。それも、何かしらのサインだと思いました。

ちなみに、このヴィンセント・フスカさんという人を演じているのが3人いるといわれていますが、以前は、そのうちの1人が亡くなったJFKジュニア（1999年に死去）だと騒がれていたこともあります。

---

*クライシス・アクター

本来は、救急隊員や消防隊員、警察官などの訓練のため、災害・事件の被害者役として防災訓練に参加する俳優やボランティアなどの人物を指していた。最近では仕組まれた現場にあえて遭遇したように、事前にその場に居合わせている人たちのことも指す。

＊ヴィンセント・フスカ

トランプ前大統領の選挙演説関係には常に参加し、目立つ前列にいるヴィンセント・フスカ氏。銃撃未遂事件の当日、その瞬間でもまったくあわてる様子がなかったことから、この一件は演出されていた可能性も高い。ヴィンセント・フスカ氏は３人の人物が演じていて、その１人がJFKジュニアだという噂もあり。＜画像は「PBS Nes Hour Channel より＞

 **事件の前には
幾つかのサインが出ていた！**

　これまで、私はずっとＱの投稿をフォローしてきました。

Qとは、真実追求者に本当に起きていることを知らせるための光側の軍事情報部のオペレーションだと信じています。

　トランプさんも光側のアライアンスも、自分たちの戦場での作戦を絶対に開示しません。それは、やはり戦争相手のカバールに知られたくないからです。

　光側も、闇側も未来を見るテクノロジーである「プロジェクト・ルッキンググラス」をそれぞれ持っています。だから、彼らは未来を見ながら、Qが過去に、未来に起きることを投稿してきたのです。

　Qは、今回の件について、「銃声が世界中に響き渡る。大いなる目覚め。忘れられない週」「誰もが忘れないイベントが起きる」「偽旗が起きても、アメリカ大統領は隔離されて守られている」「あなたは脚本化された映画を見ていた」「ショーを楽しんで」などを投稿してきていました。

　また、7月1日には、トランプさんの広報担当のダン・スキャビーノ Jr さんが X でポップコーンが出てくる動

画を投稿しています（笑）。これも意味深ですね。

　また、トランプさんは以前から何度も「セントラル・キャスティングがすべてだ」と言っています。

　さらには、暗殺されそうになった直後にトランプさんは、「ファイト、ファイト、ファイト！」と右手を挙げて叫びますが、Qの投稿にもかなり前に、「ファイト、ファイト、ファイト！」とあるのです。

　これらからも、今回の暗殺は予想されていた出来事だと言えるのではないでしょうか。

 ## 消防士のコンペラトーレさんは生きている!?

　そして、一番ひっかかっていた犠牲者になってしまった消防士のコンペラトーレ（Comperatore）さんのこと。
　事件が起きた次の選挙演説では、トランプさんに讃えられていましたね。
　実はこの時、彼の消防士のユニフォームが壇上で紹介

されましたが、背中の彼の名前のスペルに「a」が抜けて「Compertore」になっていました。

　このような状況の場合、名前の綴りを間違えるなんて、そんな失礼なことはするはずないので、これも1つのサインだとわかります。

　つまり、コンペラトーレさんも生きているとほぼ確信を得られたのです。実は、こういった"スペルミス"をトランプさん側はいつも使ってきたのです。

　この事件は、ディープステート側がトランプさんを暗

**＊消防士のコンペラトーレさん**

トランプ暗殺未遂事件で唯一の犠牲者となったコリー・コンペラトーレ（Corey Comperatore）さん。トランプ氏の熱心な支持者だった。ユニフォームの背にある彼の名字の綴りが違うことで、もしかして生きているのでは、という噂もある。＜画像は米国ABCニュースより＞

殺する計画があったものを、光側が逆に利用し演出して、トランプさんを悲劇の英雄のように見せたのだと思います。

これは、2024年の8月時点での私の考察ですが、この本が出版される頃には、真実がわかっているかもしれませんね。

##  人類救済のために 世界を駆け巡るサーシャさんを 讃えたい！

ちなみに、この時の事件現場ではUFOが飛んでいました。

これは、銀河連合の宇宙船であることはエレナさんから確認が取れています。

銀河連合も一応、トランプさんを彼らのテクノロジーで守っていたそうです。

ただし、私はそもそも、現場にいたのは、本物のトランプさんではないと見ています。

本物は地下基地や安全な場所で米軍将校と共に指揮を執っているのではないでしょうか。

　とにかく、サーシャさんのように、文字通り命懸けで人類のために活動されている方に心から感謝したいと思います。

　彼も命を落としかけてもまったくひるむことなく、人類救済のために真実を暴露しながらエネルギッシュに世界中を駆け回っているのですから。

　私自身も彼ほどではありませんが、2020年頃からは、ほぼ休暇を取らずに講演や執筆活動などを通して真実を伝えることに専念していますが、この度、ずっと会いたかったサーシャさんと直接お話ができて、さらに勇気とインスピレーションをいただけました！

　いずれ、いつの日かサーシャさんを日本にお呼びしたいと思います。

# Miyoko's Garden

## オリンピックで演出されるショーは、闇側のアジェンダを表現するステージだった！

　今年、2024年は夏季のオリンピックイヤーであり、パリ・オリンピックが開催されました。

　オリンピックは世界中の人々が注目するスポーツの祭典ですが、このオリンピックを利用した知られざる真実の裏話をここで1つご紹介しておきたいと思います。

　ご存じのように、オリンピックでは華やかな開会式・閉会式が行われますが、実は、このオリンピックにおけるセレモニーは、闇側のアジェンダを世界中に披露するための1つのショーのようなものなのです。

　これを英語では「プレディクティブ・プログラミング（Predictive Programing）」と言います。

　これは、大衆に向けて、将来自分たちが実行に移すことをショー形式で演出し、それを観客や視聴者の潜在意識に擦り込ませ、知らず知らずのうちに人々に心の準備をさせておく、というものです。

　たとえば、コロナウイルスの到来は、すでに1992年のバルセロナ大会から演出されていました。

　コロナウイルスの形状のイメージ、死んでいく人々の行進などをはじめ、どう考えても見ていて気持ちのいい演出ではありませんでした。

　そして、2012年のロンドン大会では、病院の看護師や患者、死神（悪魔）、ワクチンのイメージなど、さらに具体的にパンデミックの到来を予想させる気持ちの悪いものであり、それが約8年後には実際に世界中で現実となったのです。

　ということは、今年行われたパリ大会で披露されたショーもまた、2025年以降に闇側が確実に起こす予定のものである、ということです。

例えば、パリ大会での開会式では、ダ・ヴィンチの名画、「最後の晩餐」をイメージさせる宴会のシーンがありました。

　テーブルの真ん中にいた青い肌の裸の男性は、"ブルー・ブラッド（貴族）"が共喰いされる、というイメージが表現されていました。

　その周囲にはドラァグクイーンたちがいて、中央の大きな女性は冠をつけていて、それは「自由の女神」の冠の形に似ていましたが、実は、自由の女神はルシファーの象徴でもあるのです。

　その場にいる子どもに首切りの仕草をさせる大人もいました。これも子どもの生贄を表現しています。

　総じて、この宴会のシーンは悪魔教の彼らからキリスト教に対する冒涜を象徴しています。

　また、首が斬られた王妃マリーアントワネットのイメージは、日本のSNSでも気味が悪いと話題になっていましたが、これも、これから多くの一般市民の流血となる革命

や暴動が起きることを象徴していました。

さらには、子どもたちが地下トンネルを歩いていき、フードを被った人物の操縦するボートに乗り込む、というイメージは、パリには多くの地下トンネルがあり子どもたちが地下に連れて行かれて、生贄などにされるということなのかもしれません。

そこから地下トンネルの水路でワニが出てくるのは、子どもたちがレプティリアンに食べられる、ということ。

そして、青白い馬に乗った騎士はヨハネの黙示録の四騎士のことであり、青白い馬は"死"を意味しています。

まだまだ、たくさんありますが、ここでは書ききれません。

こんなふうに、すべての表現が露骨すぎるわけですが、これも今、追い詰められたカバール側が必死で自分たちのパワーを最後の力を振り絞って表現しているように思えたのです。

このような開会式に対して、さすがに世界中の人々から

クレームが殺到し、広告契約をキャンセルした企業もあり、オリンピック委員会が謝罪も行いました。

　今、開会式の動画の一部は削除されているそうです。

　他にも、サーシャさんとの対談でも出てきた話ですが、セーヌ川は毒で汚染されたかもしれず、実際に川で泳いだトライアスロンのベルギーの選手は気持ち悪くなったらしく、ベルギーはトライアスロンから退くことになりました。

　こうして、パリ大会は史上最悪のオリンピックとなったようです。

　これも実は、今、光と闇の闘いの最終章におけるクライマックスの最中だからなのです。

　闇側は今、自分たちが行うすべての悪事、悪魔的な計画を執拗に世界中にこれでもかと暴露しています。

　これは、実はホワイトハット側の作戦でもあるのです。

　どうやら、ホワイトハットのメンバーが闇側に潜入して、このように彼らのアジェンダをオープンにするように、と働きかけているらしいのです。

　ということは、すなわち、もうすぐこの闘いも終わりが近づいているという証拠なのです。

　自滅の道を歩んでいる闇側の断末魔がもうすぐ聞こえてきそうですね。

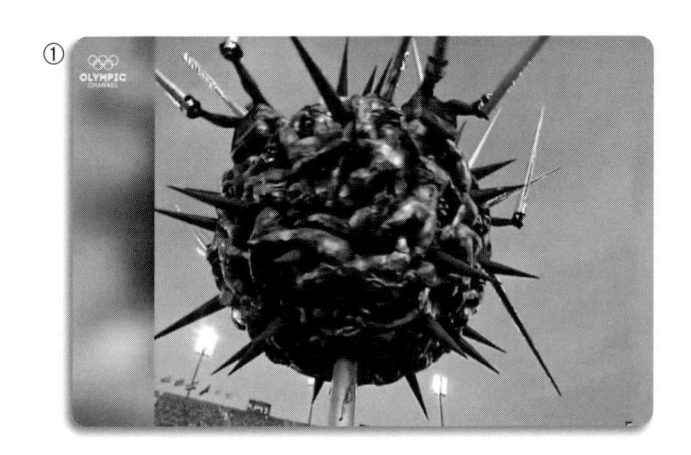

①

②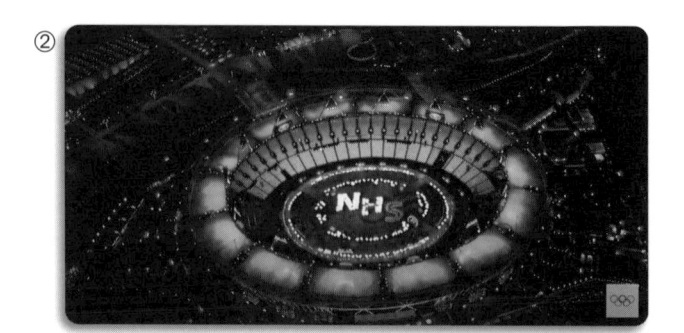

③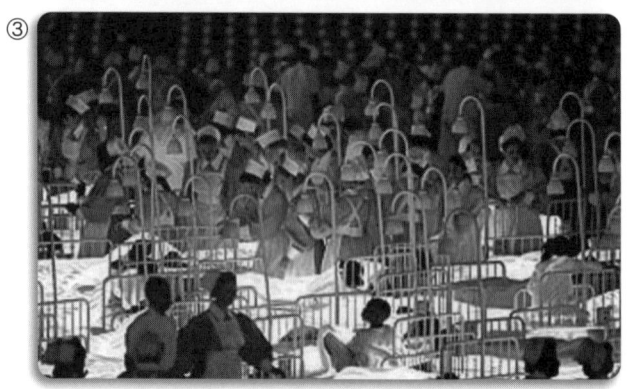

④

⑤

⑥

### \*オリンピックの式典で演出されるアジェンダ

1992年のバルセロナオリンピックでもすでに①コロナのウイルスのイメージが登場していた。2012年のロンドンオリンピックでは、コロナウイルスのような②スタジアムの真ん中に「NHS（英国国民保険サービス）」の文字がある。同様にロンドンオリンピックでは③看護師のイメージや④死神がワクチンのようなものを手にした演出もあった。パリ大会では⑤「最後の晩餐」でブルー・ブラッドの共喰いのイメージや閉会式では、⑥子どもたちがパリの街の地下水路に誘導されていく様子。＜画像は③の画像は『DAILY MAIL』から。⑤は『TIMES of ISRAEL』から。それ以外はすべてYouTube「オリンピックチャンネル」から＞

おわりに

　読者の皆さま、本書を最後まで読んでいただき、ありがとうございます！

　すでに多くの人がご存じのように、2024年はアメリカの大統領選挙の年です。
　本書が発売される頃には、すでに大統領選も大詰めの時期を迎えていることでしょう。

　過去の大統領選を振り返ると、2016年にトランプさんがヒラリー・クリントンに勝利しました。
　この年の選挙では、カバール側がいくら不正選挙をしても、人気があるトランプさんには勝てなかったのです。
　カバールにとってみれば、この時、自分たちの想像を超えることが起きてしまって、相当あわてふためいたはずです。

　翌年、2017年のトランプさんの大統領就任式では、米

軍将校たちが背後に立っていますが、これは米軍将校がトランプさんを選んだのだ、ということを世界中に知らしめていたのです。

　そもそもが、米軍将校たちがトランプさんに大統領に立候補するようにお願いした、という事情がありました。


　では、その次の2020年の選挙の時はどうだったのでしょうか。

　ここからは、私の考察です。

　2020年のバイデン対トランプの大統領選挙では、ホワイトハットは、あえて闇側に不正を許したと考えています。

　一言で言えば、バイデンは合法的な大統領ではありません。また、彼は軍部を支配できていません。

　さらには、バイデンは中国共産党に操られているので、中国からのクーデターの刺客みたいなものです。

　バチカンなど、その他の国もこれに関与していました。

　そんな状況に、海外から自国を乗っ取られてしまった米軍の将校たちが黙っているはずがなく、2020年11月の不正選挙の時期から、事実上、アメリカは戦時下で軍事政権になっていたのです。

その総司令官がトランプさんなのです。

　そして、この時、国家反逆罪で多くの政治家や軍人が軍事裁判にかけられました。中には、処刑された人もいるようです。

　今、私たちがテレビなどで見るバイデンも、カマラ・ハリスも、ヒラリーも、オバマも、実はオリジナル（本物）ではありません。

　オリジナルは逮捕されています。

　2021年の1月には、ワシントンD.C.の国会議事堂周辺には塀が設けられていましたが、その中で議員の逮捕が進められていたようです。

　これは当時、過去の『TRUTH SEEKERS』でもインタビューしたジーン・コーセンセイさんが言っていましたが私もそうだと思うし、この4年間はトランプさんが裏で実権を握っていることがよくわかりました。

　さて今回、トランプさんが選んだ副大統領候補のジェームズ・ヴァンスさんという人は、実は闇側の人なのです。

　ではなぜ、彼が選ばれたのかということには理解に苦し

むところではあるのですが、これにも何か意味があっての選出だと思われます。

　トランプさんは、あのアンソニー・ファウチ（免疫学者・国立アレルギー・感染症研究所所長）など、自分が暴露したい人をあえて近くに置いてきたことから、何か目論見があるのかもしれません。

　トランプ側の作戦をすぐに理解するのは難しいのですが、どんな展開になるのか楽しみです。

　こうして、トランプさんの活躍が期待されるのですが、2023年8月にハワイのマウイ島ラハイナで大火災があり約100人が犠牲になった事件もまだ記憶に新しいはずです。

　実は、火災の原因は、ダイレクトエネルギー兵器によるものだったのです。

　カバールは崩壊していますが、まだまだ、恐ろしいダイレクトエネルギー兵器や気象兵器なども残っていて、深層地下基地もすべて退治できているわけではないようです。

　今のところ、まだカバール側を完全に退治できたわけではないので、油断はできず、闘いはまだ続いています。

だからこそ、トランプさん側の作戦は刻々と変わっているのです。

　そんな中、数々の情報が飛び交っていますが、一般の人が米軍やアライアンスから直接情報をもらうことはあり得ないので、そのような情報を伝える人がいるなら、それはきっと間違いです。

　基本的には、彼らの作戦を知るには、Qの投稿や演説などを通して、トランプさんが出すサインを探るしかありません。

　また、今ではうれしいことに、エレナさんを通して銀河連合からも情報をいただけるようになりました。

　そして、光側のエースはプーチンさんですね。彼の役割は大です。ディープステートの拠点であるウクライナを退治してくれています。

　あのイーロン・マスクも大事な役割があると何年も前から銀河連合が言っていましたが、今、その通りになっていますね。

　とはいえ、現状では、まだまだあまりにも多くの人々が眠っている状態です。

　特に日本人は、大手メディアや政府が言うことしか信じない傾向も強いので、ちょっと情けないです。

「光と闇の闘いはいつになったら終わるの？」という質問もいただくのですが、光側が闇側をすでに支配しているとはいえ、私の答えとしては、「まだまだ、私たち一人ひとりが闘いに参加する義務があるのです！」ということです。

　だから、読者の皆さんも、もっと多くの人が目覚めるように真実を伝えていただき、そして、史上最大の闘いに参加いただきたいのです。

　現在、宇宙からは銀河連合だけでなく、銀河間連合やアンドロメダ評議会、シーダーズなど、太陽系以外の銀河からもこの地球を見守るために、地球外生命体たちが大勢やってきています。

　けれども、彼らは宇宙のルールに則って、地球で起きる出来事に直接関与はできないのです。

　それでも、核兵器の無力化やレプティリアンなど闇側の地球外生命体をこの太陽系から追い出してくれました。

　そして、ありがたいことに、私たちはキャシーさん、ダ

ンさん、サーシャさんのように命を狙われてまで果敢に活動を続ける方々のおかげで知られざる真実を知り、勇気や希望もいただけているのです。

これから世界は大きくひっくり返り、誰もが体験したことのない想像を超えた美しい世界が到来します。

フリーエネルギーや、宇宙からは2万年も進んでいる高次元テクノロジーが手に入り、健康も豊さも若さも手に入ります。

近未来は、もう生存のための競争もなくなることから、誰もが本当の自分を生きることが可能になり、助け合いの精神にあふれた社会になるでしょう。

行きたい場所のどこにでも反重力宇宙船で行けるし、地球から離れて美しい金星などにも行けるでしょう。

その頃には、地球や人類の真の歴史を誰もが知ることになっているでしょう。

そんな波動の高い平和な世界になれば、きっと地球も銀河連合のメンバーになれるはずです！

ぜひ、そんな時代を楽しむためにも、今から健康に気をつけて笑顔で過ごしてほしいのです。

　さてここで、1つ悲しいニュースをお伝えしなければなりません。

『TRUTH SEEKERS II』でインタビューしたジャネット・オサバードさんが昨年、命を落とされました。

『カバールの陥落』という映画を制作された彼女の死因は自殺と聞いていますが、キャシーさんいわく、「間違いなく暗殺されたのでしょう」とのこと。

　真偽のほどはわかりませんが、あれほど明るく勇敢に真実を伝えていらしたジャネットさんが自殺するとは思えません。

　さまざまな宇宙テクノロジーを所持するカバールは、それらを遠隔で操作することができるので、ターゲットを精神的にうつにさせたり、発狂させたり、自殺させたりできます。

　もしかして、彼女もその犠牲になったのかもしれません。

　でも、きっと今ジャネットさんは、天国から人類が解放されつつある現在の状況を微笑みながら見守ってくださっ

ていると信じています。

『TRUTH SEEKERS II』にご登場いただいたジャネット
さんに、心から感謝の言葉を伝えたいと思います。

　ジャネットさん、ありがとうございます！　どうか、安
らかにお眠りください。


　さて、新たな年、2025年には正式な宇宙とのコンタク
トもはじまりそうですが、銀河連合など宇宙の存在を崇拝
するのではなく、ぜひ、あなた自身のことを尊重してほし
いと思っています。

　高度な存在から何かを教えてもらうという姿勢は大切で
すが、この宇宙では誰もが平等で神聖な存在です。

　だからこそ、どうぞ、あなた自身を大切にし、愛してく
ださいね。


　私たちの魂は永遠の存在であり、身体は一時的な器にす
ぎません。

　自分が乗り越えられない試練は設定していないので、ど
うか、それらを自分らしく乗り越えて、思うがままの人生
を創造してください。

　地球の波動が上がりつつある今、感謝と喜びの中で波動

を上げていってくださいね。

　最後に、本書でインタビューをさせていただいたキャシーさん、ダンさん、サーシャさん、どうもありがとうございました！

　出版の際にはお世話になりましたVOICEの大森社長、編集の西元さん、デザインの小山さん、校正の野崎さん、さらには、私をいつも応援してくださるサロンメンバーズ、友人や家族、高次元の存在たちに感謝申し上げます。
　そして、誰よりもこの本を手に取ってくださったあなたに、心からのお礼を申し上げます！
　ありがとうございます！

佐野美代子

# 佐野美代子
*Miyoko Sano*

東京生まれ。商社マンの父の赴任先の英国ロンドン郊外で小学校時代を過ごし、大学時代はボリビアの大学にも留学。 神戸大学付属中学卒業、大阪教育大学付属高校卒業、上智大学英文学科卒業。外交官の夫と共にパリ、ジャカルタ、ニューヨーク、ジュネーブ、コペンハーゲンと駐在し、海外生活は通算24年以上。外交官夫人として国際文化交流の活動をする一方で、国際会議の同時通訳者として20年以上活躍。モンロー研究所公式アウトリーチ・ファシリテーター。元デンマーク、ジュネーブ軍縮日本政府代表部大使夫人。

## ∞ 通訳 ∞

国連、ILO、欧州委員会などの国際会議の同時通訳、宇宙データ通信、金融、投資、文化、教育、環境、広告、経済、IT・情報通信など幅広い分野の会議通訳。ジョージ・ルーカス、宇宙飛行士、ヴァレンチノ・ファッションショー、フランク・ミュラー、東京都知事とジュリアーニ市長、ハワイ州知事など数多くの記者会見。CNN 2カ国放送の通訳。バーバラ・ブレナン・ヒーリング・スクール、ラムサの学校、クリムゾン・サークル、モンロー研究所など数多くの精神世界の同時通訳。

## ～ 著書・教材 ～

全世界で3000万部を超えるベストセラーとなったロンダ・バーンのシリーズ『ザ・シークレット』『ザ・パワー』『ザ・マジック』『ヒーロー』『ザ・シークレット　日々の教え』『ザ・シークレット　人生を変えた人々』『ザ・シークレット to TEEN』(KADOKAWA) を山川夫妻と翻訳。世界の5000万部超の著者ルイーズ・ヘイとモナ・リザ・シュルツ医学博士が書いた『すべてうまくいく』(KADOKAWA) を翻訳。著書に『地球と人類を救う真実追求者たちとの対話 TRUTH SEEKERS』『人類の覚醒に命を懸ける真実追求者たちとの対話 TRUTH SEEKERS II』『銀河連合からの使者&スタートラベラー　銀河プロジェクト I』『隠されてきた光と闇の「秘密宇宙プログラム」のすべて　銀河プロジェクト II』(ヴォイス)、『世界の衝撃的な真実　闇側の狂気』『世界の衝撃的な真実　光側の希望』、エレナ・ダナーン著『この惑星をいつも見守る心やさしき地球外生命体たち』『ザ・シーダーズ 神々の帰還(上下巻)』(翻訳) (ヒカルランド)、『あなたが願う愛と幸せは現実になる』(廣済堂出版)、『人は「あの世」で生き続ける』(PHP研究所)、『前世のシークレット』(フォレスト出版) の他、『シークレットコード』DVD や『あなたの願いを宇宙が叶える 7 日間の魔法のプログラム』音声 (フォレスト出版)など。

## ～ 活動 ～

全国各地で引き寄せの法則の講演会やセミナー、ヘミシンクの瞑想セミナーや企業向け研修の講師として好評を博す。世界真実セミナーも各地やズームで開催。海外生活体験から得た豊かな感性、英語力と世界中の人脈を使い、最先端の世界情報を発信中。夢は「世界中の子どもたちが笑顔で暮らせる世界を実現すること」。

◆ YouTube チャンネル
「Miyoko Angel2」

◆ YouTube チャンネル
「Miyoko AngelQ」

◆ You Tube チャンネル
「Miyoko Angel 33」

◆ ブログ
「佐野美代子 Official Blog」

◆公式サイト
「佐野美代子オフィシャルウェブサイト」

◆X
「佐野美代子 Miyoko Sano」

◆メンバーズサイト
「佐野美代子 メンバーズサイト」

◆インスタグラム
「miyokosano」

◆お問い合わせ事務局
miyokosanojimukyoku@gmail.com

## 美しき世界を創る
## 真実追求者たちとの対話
## TRUTH SEEKERS III
### ～闇の支配から地球がついに解放！～

2024 年 11 月 15 日　第 1 版第 1 刷発行

| | |
|---|---|
| 著　者 | 佐野 美代子 |
| 編　集 | 西元 啓子 |
| 校　正 | 野崎 清春 |
| デザイン | 小山 悠太 |
| 発行者 | 大森 浩司 |
| 発行所 | 株式会社 ヴォイス　出版事業部 |
| | 〒 106-0031 |
| | 東京都港区西麻布 3-24-17 広瀬ビル |
| | ☎ 03-5474-5777（代表） |
| | 📠 03-5411-1939 |
| | www.voice-inc.co.jp |
| 印刷・製本 | 株式会社 シナノパブリッシングプレス |